2021 中国 VR 产业发展和消费者调查报告

刘 茜 朱毅诚 李 倩 编著

CUCP 中国传媒大学出版社
·北京·

课题组成员

课题组组长： 刘　茜　朱毅诚　李　倩

《2020 年中国/国际 VR＋行业发展报告》

课题组成员：金世圆　汤清扬　刘　妤　徐昕彤　张可欣
李雨浓　徐靖雯　戴　纳

《2020 年中国 VR/AR 产品用户体验报告》

课题组成员：秦　月　王　者　魏远茜　李佳容　马菲菲
李婉慈　鲁　靖　王子星　杨雅云　徐昕彤
张沁萌　张可欣　许　瑞　林雨潼　赵子瑜
谢晓琦　杨娃妮　汤清扬　徐靖雯　刘会珠
李亚慧　梁雨辰　杜敏而　杨春炜　黄小宇
黎迁迁　刘　海　杨芳羽　黄馨瑶　明萌萌

《2020 年中国 VR 产业发展及趋势专家访谈》

课题组成员：刘　璐　李思雨　徐昕彤
访谈人员：叶靖怡　吴新月　孙驿昕　符冬妮　王子依
陈欣悦　赵晨雨　杨小草　董　慧　李长健
袁　梦　王汉青　余　璇　马　静　李　思

目　录
CONTENTS

第一部分

2020年中国/国际VR+行业发展报告

随着VR行业的不断拓展，目前VR影视、VR游戏、VR教育以及VR头显/一体机已经形成了较成熟的产业规模。本部分一共包含四份关于VR行业发展的数据报告，分别是：《2020年VR影视国际发展趋势报告（2016—2020）》《2020年中国VR设备线上消费市场发展研究报告》《2020年VR游戏产业发展数据报告》以及《2020年中国VR教育行业发展报告（2017—2020）》。

第一章
2020年VR影视国际发展趋势报告(2016—2020)

第一节　研究目的

虚拟现实(Virtual Reality,以下简称VR)一词,最早出现在美国科幻作家斯坦利·温鲍姆(Stanley G. Weinbaum)1935年发表的中篇小说《皮格马利翁的眼镜》(*Pygmalion's Spectacles*)中,小说主角只要戴上眼镜,就能沉浸在一个模拟视觉、听觉、嗅觉和触感的电影中。小说中描述的世界,为我们打开了新的观感窗口,小说里的VR电影近年来真正成为现实。

汤姆·甘宁(Thomas Gunning)在1986年提出"吸引力电影"(cinema of attraction),他认为主宰早期电影的不是"叙事冲动",而是向观众展示的一种视觉奇观,它可以吸引观众的注意力或好奇心。该理论把早期的电影从叙事功能拉出,强调了视觉的冲击与其带来的愉悦体验,而VR电影则带来了一种全新的视觉感知。在VR电影中,由计算机为观众渲染出一个看起来真实、听起来真实,甚至可感、可响应反馈的类真实环境,使传统的观影模式与影片效果发生了翻天覆地的变化,观众在沉浸、交互的环境中置身于叙事的"知觉空间"①。

从VR元年2016年开始,人们在不断优化VR设备的同时也对VR内容进行了精细打磨,近年来,国际大型电影节也逐渐开始接纳优质VR

---

① 贝林特.艺术与介入[M] 李媛媛,译.北京:商务印书馆,2013:279.

影视作品，并相继设立 VR 影视相关奖项。本研究将对具有代表性的国际电影节进行简要分析，管窥近年来 VR 影视产业的发展状况和趋势。

第二节　研究方法

本研究根据官方网站、媒体报道等公开信息，收集并整理了威尼斯国际电影节（Venice International Film Festival）、戛纳国际电影节（Festival De Cannes）、上海国际电影节（Shanghai International Film Festival）、瑞丹斯独立电影节（Raindance Film Festival）、翠贝卡电影节（Tribeca Film Festival）和艾美奖（Emmy Awards）等国际知名电影节、电影电视类奖项中近年来 VR 影视作品的获奖情况。需要指出的是，由于部分电影节公开的信息不完整，存在缺失小部分数据的情况。

本研究数据收集时间截至 2021 年 2 月，主要分为三个阶段：第一，以电影节为单位对获奖/展映电影名单进行统计；第二，收集获奖/展映电影的基本信息，包括影片名称、影片制作团队、制片国家、获奖情况、制作形式、影片主题等六项信息；第三，对影片的主题进行两级细化分类，先采用主题分析（thematic analysis）中的归纳法（inductive methodologies）对 VR 影片的内容介绍文本进行归纳和缩减，通过不断形成次范畴得到了 15 个编码类目，再对影片所涉及话题进行编码。除此之外，我们还将 172 部影片分为原创、纪实和改编三种内容类型。我们将影片按照不同特征分类后，描述了 VR 影视的整体情况，并为其未来发展提供了一些建议。

第三节　研究结果

一、VR影视发展概况

根据统计数据可知，威尼斯国际电影节从2017年开始设置VR相关奖项，分为最佳VR(Best VR)、最佳VR故事(Best VR Story)、最佳VR体验(Best VR Experience)三类；戛纳国际电影节于2017年首次展映VR作品——《血肉与黄沙》(*Carne y Arena*)，2020年设置戛纳XR和VeeR联合展映单元；上海国际电影节于2019年设置VR展映单元；瑞丹斯独立电影节自2017年开始设置VR相关奖项，每年设置多种不同的细分奖项，如最佳互动叙事体验(Best Interactive Narrative VR Experience)、最佳移动互动体验(Best Mobile Interactive VR Experience)、最佳观影互动体验(Best Cinematic Narrative VR Experience)等；翠贝卡电影节较早开设VR影视相关展映单元和奖项，包括虚拟走廊展区(Virtual Arcade)、故事轴展区(Storyscape)、360影院(Cinema 360)等，自2016年至2021年，有超过一百部VR影视作品在该电影节展映或获奖；艾美奖自2016年开始设立交互式媒体内容杰出创新奖(Outstanding Innovation in Interactive Media)，每年有一部媒体作品获评。

截至统计时间(2021年2月)，六大电影节及电影电视类奖项中，总计有181部获奖VR作品。在前期，获奖作品大多数来自美国或英、法等欧洲国家，之后其他欧美发达国家以及亚洲的日本、韩国很快也有VR作品在国际电影节和电影电视类奖项中获奖。

对获奖/展映的影片制作国家进行统计发现(多国联合制作的影片多次计数)，美国在VR影视的制作上最为成熟，共参与了88部获奖/展映的VR影片的制作，占全部获奖/展映影片的51%，其余影片大多数来自英、法等欧洲国家，少数来自亚洲国家，如日本、韩国等。自2017年中国台湾与美国合作的《沙中房间》(*La Camera Insabbiata*)在威尼斯国际电影节获评最佳 VR 体验奖以来,中国的多部 VR 影视作品陆续登上国际舞台,获得国际重大电影节和电影电视类奖项的认可,截至 2021 年 2 月,中国共参与制作了 17 部获奖/展映的 VR 影片,占全部获奖/展映影片的 9.8%(见图 1-1)。

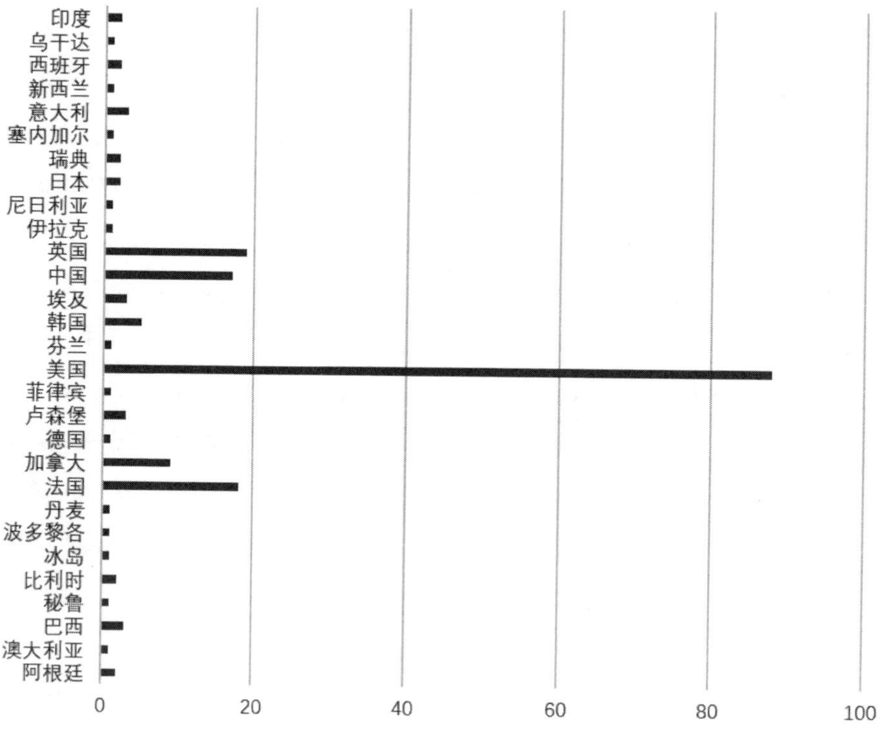

图 1-1　VR 影片制作国家

获奖作品主要通过实拍和建模两种方式制作。实拍是指利用 VR 全景摄影机进行现场拍摄,建模则是基于计算机程序和数字动画来布置空间和设计人物。早期获奖作品以实拍类居多,最近几年动画建模作品的占比则稳步提升,瑞丹斯独立电影节 2019 年和 2020 年的获奖 VR 影视作品均为动画建模作品。特别是在奇幻、科普、体验等主题的作品中,动画建模方式被广泛应用，比如由 Redrover 工作室制作、获得 2018 年威尼斯国际电影节最佳 VR 体验奖的交互 VR 动画短片《巴蒂》(*Buddy VR*)：玩家通过一系列非语言化的互动来结识主角——小老鼠巴蒂，并与它一起经历一场奇幻旅程。该奇幻影片主要运用的就是动画建模的技术手段。

近年来，随着 VR 技术的不断成熟，对作品内容质量的打磨也不仅仅存在于 VR 电影，制作精良的 VR 游戏、VR 新闻层出不穷。由于 VR 电影同时具有戏剧的舞台空间、电影的观看性和游戏的交互特征，并且也有很多 VR 电影的内容改编自真实新闻事件，所以当一部电影可以与观众互动，可以根据观众的不同选择和反应进行不同的内容展演，可以还原真实的新闻事件时，VR 电影、VR 游戏、VR 新闻三者的边界就开始变得模糊。

VR 游戏以"交互"为主体，参与者的乐趣在于不断地"交互"——参与者通过人机互动进行信息获取。虽然有些 VR 电影也有一定的交互设置，比如观众的不同观看视线可以触发不同的事件，但在呈现时，观众最重要的体验还是"观看故事"，观众处于客体地位，被事先设定的故事线索或情节引导，主要通过"观看"进行信息获取①。

VR 新闻与传统媒体新闻不同，通过提供使人产生"在真实的地点，以真实身体体验真实事件"的沉浸感②，使其感知新闻并根据新闻故事进行再创造③。但新闻的本质、原则是 VR 新闻的生命所在。在 VR 新闻中，对新闻事实的还原是其根本，而在根据新闻事件改编的 VR 电影中，则可以加入一定的合理想象以及制作者的艺术表达。

---

① 孙略.VR、AR 与电影[J].北京电影学院学报，2016(3)：13-21.

② WITT L, KPEROGI F A, WRITER G, et al. Journalism: how one university used virtual worlds to tell true stories[J]. The official research journal of the International Symposium on Online Journalism, 2016, 6(1):5-32.

③ PENA N D L, WEIL P, LLOBERA J, et al. Immersive journalism: immersive virtual reality for the first-person experience of news[J]. Presence, 2010, 19(4):291-301.

二、VR 电影内容主题分析

(一)VR 影片话题

我们根据网络上记录的每部 VR 影片的解说词以及相关音视频内容,对影片内容进行话题编码。我们采用了主题分析中的归纳法,将 VR 影片的内容介绍文本进行归纳和缩减后不断形成次范畴,然后将一些零散的次范畴概括为抽象层次更高的主范畴(比如,“亲情”“爱情”“友情”和一些无法用这三者描述的人类的感情被归纳在一起并概括为“感情”)。最终我们得到了 15 个编码类目,并根据赋予编码的定义对 172 部影片重新进行了编码分配,如图 1-2 所示。

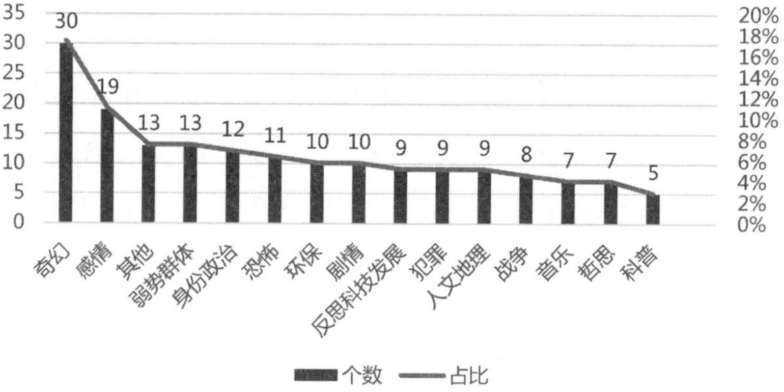

图 1-2 VR 影片话题编码

不论是根据编码结果图表还是原数据,我们都能发现,VR 影片涉及的话题非常广泛。除“其他”以外的 14 个类别并不能包含所有的话题,仅为 172 部影片中重复性较高的话题,当一个话题编码中能被收纳的影片数小于 5,我们则删除这个编码,将影片归为其他,或将几个相关编码融合。

根据图 1-2 我们发现,“奇幻”是涵盖影片数量最多(17%)的一个编码。现有展映或获奖的 VR 电影作品中,有相当大的一部分没有非常明确的现实性话题,主要营造一段奇幻的体验,因时长关系往往也不会构建复杂的故事情节。我们将此类作品归入奇幻类别,比如 Oculus Story 工作室出品的 VR 短片《亨利》(*Henry*)是首部获得艾美奖的虚拟现实影片,讲述了一个小刺猬找朋友的奇幻故事,用色彩丰富而立体的场景将观众带入了童话世界。

"感情"包括以亲情、爱情和友情三大人类感情以及其他更细微的人与人之间的温情与关怀为话题的 VR 影片,占比 11%,也相对较大,我们可以从中看到虚拟现实这种新媒介尝试打破原子化的个人,表现人类特有感情的动人之处。比如法国 Atlas 工作室制作的《咕噜米的眼睛》(*Gloomy Eyes*)讲述了僵尸男孩与一名美丽女孩邂逅的爱情故事,又比如谷歌 Spotlight Stories 工作室出品的《航海时代》(*Age of Sail*)讲述了老渔夫救起一名神秘女孩后的故事,影片中二人关系的微妙变化表现了血缘关系以外人与人之间的温情,平淡中带有惊喜。

"身份政治""弱势群体""环保""反思科技发展""人文地理""剧情""恐怖""犯罪"这几个编码涉及的话题较少,占比接近。"身份政治"是指相对于主流文化和主流群体的"边缘"群体作为他者对支配关系的斗争实践,其本质是一种文化政治与差异政治①。这是西方社会后工业时代代替传统阶级政治的一种主要社会运动形式。女性、性少数群体、移民和有色人种是身份政治讨论较多的主体②,以这些群体为话题的 VR 影片被归纳在"身份政治"编码下。《异乡人:记忆独白》(*Ferenj: A Graphic Memoir in VR*)以非洲现实主义 VR 梦境的形式,探讨了对于埃塞俄比亚与美国混血的安斯利(Ainslee)来说"家"意味着什么。类似的还有《距

---

① 汪越.身份政治的理论逻辑[J].学术界,2018(3):85-95.

② 郑丹丹.异托邦建构与想象的共同体:女性阅读中呈现的身份政治萌芽[J].青年研究,2016(4):76-84;余彬.国际移民认同危机与族群身份政治运行机制研究[J].民族研究,2013(5):1-10,123;王晴锋.同性恋研究中的身份政治、亚文化及话语之争[J].云南民族大学学报(哲学社会科学版),2016,33(2):74-82.

离之书》(*The Book of Distance*),它们都探讨了对于移民二代、三代人群来说应该如何定位自己的文化身份,以及移民群体的人权问题。《另一个梦》(*Another Dream*)讲述了女同性恋者的挣扎及其与外界的斗争;《生命碎片》(*1,000 Cut Journey*)和《遇见怪物》(*Meeting a Monster*)都讨论了白人至上主义和种族主义下的人权与歧视问题。

"弱势群体"也关注"边缘"人群问题,但与"身份政治"不同的是,"弱势群体"中的"边缘"不是指文化上的边缘,而是实际社会生活中的弱势与边缘,比如盲人群体、难民、老年人和重病患者。"身份政治"这个编码中的影片主要展现了不同文化政治身份的群体有怎样不同的文化与权力诉求,而"弱势群体"编码中的影片,主要是借助虚拟现实第一人称视角和身临其境的特质,让观看者站在弱势群体的位置,从他们的视角感受这个世界,从而激发强烈的共情。比如《内心宇宙》(*Cosmos Within*)刻画了患有阿尔茨海默病的老人的记忆是如何变形而又不断重建的;《失明笔记》(*Notes on Blindness: Into Darkness*)和《色盲岛》(*The Island of the Colorblind*)分别展现了失明和色盲人群的世界。

"环保"是适合用 VR 影片表现的一个话题,与"弱势群体"一样,虚拟现实的表现手法也被认为能够引发人们对环境的共情。有些影片通过构建环境继续恶劣下去世界的样子,或者通过新的视角展示人对环境的破坏,来呼吁大家关注全球变暖等气候问题,例如《阿登的觉醒》(*Arden's Wake*)、《沧海一粟》(*A Drop in the Ocean*);有些通过纪录片式的全景视频刻画濒危动物恶劣的生存环境,来引起观众对生态多样性问题的关注,例如《进入现在》(*Into the Now*)、《方舟》(*The Ark*)。

虚拟现实技术作为科技发展的一个表现,其内容也在反思技术本身,我们将其编码为"反思科技发展"。如今人工智能、大数据算法以及一些数字技术构成了数字时代背景,对于科技给世界带来的改变,每一个身处其中的人或多或少都会有所感知。VR 媒介以艺术的形式和批判的视角,凝练或夸张地展现这一点。比如《虚拟实境》(*Virtual-Virtual*

Reality)营造了一个虚拟劳工系统“Activitude”,设想当人变成自动化的人工智能时世界是什么样子;《看着我》(*Look at Me*)通过真人上演的通俗故事,表达了反 VR、反智能手机的态度。

除了以上四个对现实世界带有反思的话题,还有不少轻松的 VR 影片展现了各地的人文地理,以游览为主要体验方式,我们将其归纳为“人文地理”。尽管这个标签下的很多内容也涉及自然风光,但影片整体并没有太强的故事性,也没有明显的有关保护环境的呼吁,这样的 VR 影片我们将其归为“人文地理”,而不是“环保”话题。这部分 VR 影片设计的话题和内容比较接近传统纪录片,但是在表现形式上使用了全景、多感官沉浸和更复杂的交互手段,增强了影片的趣味性和参与度。

“剧情”是指电影的节奏比较慢,主要以故事的剧情变化或角色性格的发展带动整部电影的进行,以讲述一个故事或者再现一段经历为主要目的,其话题性相对较弱,难以被归为前几个编码中的某个具体话题。例如在 2019 翠贝卡虚拟走廊展区展映的作品《共存之地》(*Common Ground*)带领观众探索著名的艾尔斯伯里住宅区,这个巨型的住宅区是英国社会化住宅的历史遗产和重要的纪念碑。在社会变迁中,居住在这里的社群经历着家园的变化,影片从一个社区的拆迁和社群内人们的变化看历史乃至公共政策的变革。

“恐怖”是以制造恐怖感为目的的一种影片。故事内容荒诞离奇,能引起观众的恐惧、不安、惶恐等原始的负面情绪,并通过宣泄这些情绪令观众得到娱乐体验。相对于剧情片而言,恐怖片的剧情不一定连贯、有逻辑,出其不意地制造恐怖感才是其目的。例如由 Oculus Story、Future Lighthouse 和 Dark Corner 联合制作的 VR 系列恐怖电影《篝火营会》(*Campfire Creepers*)中的第二部《三月午夜》(*Midnight March*)就在 2018 翠贝卡 VR 展区与观众见面。在该影片中,观众将被邀请参加一个篝火营会,一群参与者轮流讲述恐怖故事,而每一个故事将把观众带进最黑暗的童年恐惧之中。影片通过午夜、篝火、怪谈等恐怖元素,让观众沉浸其中，体验一次非凡的恐怖之旅。

“犯罪”类型的影片表现犯罪过程或相关案件，相比于“剧情”类影片而言，“犯罪”类型的影片故事线并不十分鲜明，大多篇幅集中于犯罪过程及案件本身。例如在 2020 年戛纳 XR 进行展映的影片《消失的奇伯克女孩》(*Daughters of Chibok*)就以 2014 年尼日利亚东北部小城奇伯克发生的震惊世界的女童拐卖案件为主体，用影片的形式向大众展现了整个案件的始末。再比如由中国导演范帆执导、获得 2020 年威尼斯最佳 VR 故事奖的影片《杀死大明星》(*Killing A Superstar*)就以大明星丽莎(Lisa)在家中直播时发生的命案为故事主体，展开了一系列与观众互动进行破案的故事。

“战争”“音乐”“哲思”“科普”四个编码占比较小。“战争”编码包含了对历史战争的重演和看待战争的不同视角(比如儿童视角)，表达一种反战情绪的影片。“音乐”是其中比较特殊的一个类别，我们发现了 7 部影片以音乐体验为核心，通过混合 3D 声音为观众营造身临其境的听觉盛宴。“哲思”主要用来概括不能被归纳到以上细分话题的哲学性思考，比如《记忆》(*Remember*)等关于记忆与真实的讨论，或是让观众在成对的虚拟现实装置中感受人与人之间的权力与关系的《粒子碰撞》(*The Collider*)等。这类话题具体要表达的内容往往具有艺术性和模糊性，是创作者和体验者共同决定的。“科普”编码中的影片情节性较弱，以传达科学知识为主，具有教育性。

(二)VR 影片内容类型

除了所涉及的话题，我们还将 172 部影片分为原创、纪实和改编三种内容类型(见图 1-3)。原创是指影片内容不基于某一具体事件或已有文艺作品，而是无数社会现象的浓缩，或者一个全新的创作出来的故事；纪实包括对真实事件的记录或对某一已发生的历史场景的还原；改编在我们的定义中仅指对已有文艺作品的 VR 化改编。

其中,原创内容占比最高,为 66%。尽管虚拟现实技术较平面媒介技术发展得晚,但是从数据中我们也能感受到 VR 影片的内容创新力量。纪实类 VR 影片占比 24%,其中对于近期发生事件的记录与 VR 新闻的界限很模糊。例如,2020 年在戛纳 XR 展映的影片《珠峰生死状:加映版》(*Everest VR:The Movie Experience*)便是以 VR 的形式呈现来自尼泊尔的神秘夏尔巴族登山家天智(Sherpa Tenji)与法国职业登山摄影师约翰·格里菲思(Jonathan Griffith)一路徒步探索珠穆朗玛峰的经历。

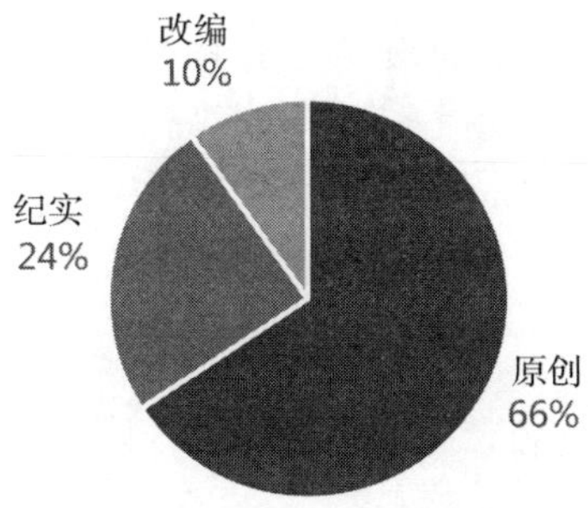

图 1-3 VR 影片内容类型

已有文艺作品的 VR 化改编包含了丰富的内容,既有对影视作品的改编,如《巴蒂》(*Buddy VR*)便是对喜剧动画电影《抢劫坚果店》(*The Nut Job*)的主人公巴蒂进行了一次 VR 化的呈现,也有对书籍的 VR 化,比如《墙壁里的狼:一切都结束了》(*Wolves in the Walls: It's All Over*)将尼尔·盖曼(Neil Gaiman)同名儿童书改编成了多种角色关联驱动的 VR 交互动画,让文字激发的想象变成身临其境的体验,甚至一幅名画、一个口口相传的神话故事都可以通过与 VR 结合,让幻想照进现实。

如果说文字作品的影视化改编在增加了视觉动态元素的同时也失去了很多书中的细节,那么同样可以说,虽然 VR 影片在平面影视的基础上增加了更多的视角和交互,但也由于时长原因而无法包含更多的内容和情节。在 172 部影片中,我们仅找到 48 部的确切时长,其平均值为 16.78

分钟。尽管数据不全，但也有一定代表性。而平面电影的时长一般为 90 分钟到 120 分钟，电视剧的总时长则更长。单部 VR 作品在时长上的受限意味着内容丰富度的大打折扣，这是 VR 影片创作者需要思考的一个问题。

新的媒介并不意味着新瓶装旧酒，虚拟现实技术能激发什么样的新原创故事和叙事方法无疑是令人期待的。在大多数人对 VR 还充满新鲜感的发展阶段，对已有文艺内容的 VR 化改编是明智的做法，这一方面在创作者还不足的时候，丰富了 VR 影片内容，吸引了原作粉丝的注意力；另一方面，将传统故事与新的数字媒介技术结合，也能让经典焕发新的生机。

三、电影节分析

（一）世界四大电影节

世界四大电影节即欧洲三大国际电影节（戛纳国际电影节、威尼斯国际电影节、柏林国际电影节）和美国奥斯卡金像奖，综合而言，这四大电影节被视为国际影坛最具影响力和艺术代表性的电影节。其中，奥斯卡金像奖更注重影片的政治与商业因素，欧洲三大电影节则坚持以艺术性作为最重要的要素。随着近年来 VR 技术的不断发展与成熟，世界四大电影节除柏林国际电影节外均纷纷向 VR 作品抛出了橄榄枝，但各电影节对 VR 电影的态度与奖项设置并不相同。

2017 年的第 89 届奥斯卡金像奖向导演亚利桑德罗·冈萨雷斯·伊纳里图（Alejandro González Iñárritu）所执导的虚拟现实影片《血肉与黄沙》颁发了奥斯卡特别成就奖。奥斯卡特别成就奖是奥斯卡金像奖中的一项，专门颁发给对电影作出杰出贡献但无法被归类的优秀作品。《血肉与黄沙》讲述了在美国与墨西哥边境跨境难民穿越沙漠艰难迁徙的真实故事，旨在让观众感受难民和移民的艰辛旅途。

同年，来自谷歌 Spotlight Stories 的《珍珠》(*Pearl*)获得了奥斯卡最佳动画短片提名，时长5分钟的《珍珠》也是奥斯卡有史以来第一部获得提名的VR类型动画电影。但在之后的第90届、91届奥斯卡金像奖中，仅有为数不多的VR影片获得提名，而在2020年的第92届奥斯卡金像奖中则无任何VR影片获得提名。可以看出奥斯卡对VR影片的评选还处在探索尝试的阶段，尚未形成完整的体系。

从1939年创立伊始，戛纳国际电影节一直以前卫的艺术姿态，聚焦世界电影技术的发展前沿。在“VR元年”2016年，第69届戛纳国际电影节就在数字单元“NEXT”中第一次增加了以VR技术和VR体验为主题的“VR Days”，Oculus Story、Baobab、Felix & Paul、Penrose等业内知名VR公司都在戛纳进行了作品展示。但由于对新技术感到陌生，2017年第70届戛纳国际电影节VR单元中只展出了一部入围影片《血肉与黄沙》，之后该单元被删去。在沉寂了一年后，戛纳国际电影节开始专为沉浸式和增强现实内容推出戛纳XR展映部分，并逐年完善。

2020年的戛纳XR与技术创造者 Positron、Brogent Technologies 合作，推出了新的VR影院、专用空间和竞赛项目，并携手 VeeR 在中国举办360VR沉浸影像展。此次的戛纳XR分为三个部分，设置了两个奖项：未来影像奖(Veer Future Award，360 Cinema)和电子幻想奖(Inaugural Positron Visionary Award)；获奖影片分别为《宇宙远征：初探月球》(*1st Step VR 3D 360°*)、《伟大的C》(*The Great C VR*)。

相较于奥斯卡和戛纳国际电影节而言，威尼斯国际电影节对VR影片更为重视。威尼斯国际电影节早在2016年就为VR电影《耶稣受难记》(*Jesus VR*)设置了观影单元，2017年第74届威尼斯国际电影节宣布设立VR竞赛单元并设立了三个VR相关奖项，分别为最佳VR奖(沉浸式故事)、最佳VR体验奖(交互式内容)、最佳VR故事奖(线性内容)。这是世界四大国际电影节首次设置VR竞赛单元及奖项。

截至2020年的第77届威尼斯国际电影节，共有12部VR影片获奖。因为威尼斯国际电影节 VR 竞赛单元设置奖项较少，所以获奖影片类型并不算丰富，大多为犯罪类和奇幻类影片，二者分别占 25%和 33%，这些主题对于还原现实场景有着天然需求，更适合利用 VR 技术来呈现。①

获奖电影时长分布如图 1-4 所示。从时长方面来看，获奖的 VR 影片时长多集中在 10—30 分钟这一时间段内，时长最短的获奖影片是本杰明·纽尔(Benjamin Nuel)执导的《死亡之岛》(*L'île des morts*)，时长 8 分钟，获得 2018 年威尼斯国际电影节的最佳 VR 故事奖；时长最长的获奖影片则是由基拉·本津(Kiira Benzing)执导的《寻找潘多拉》(*Finding Pandora X*)。

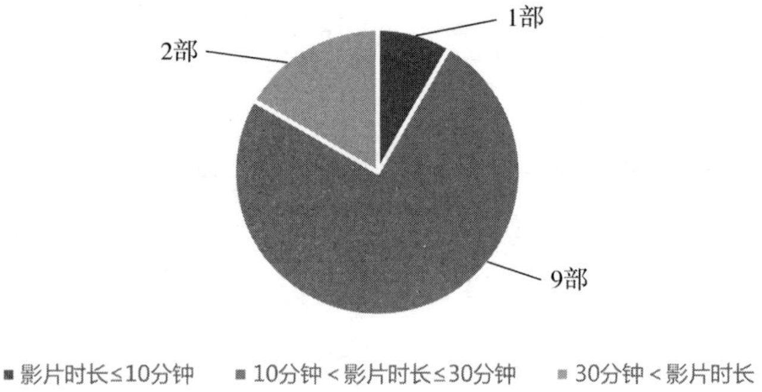

图 1-4　威尼斯国际电影节获奖 VR 电影时长

相比于传统电影而言，VR 电影的时长相对要短一些，原因主要集中于以下两个方面：第一，VR 电影的制作成本和难度较高，在奥斯卡和戛纳国际电影节备受好评的《血肉与黄沙》片长仅 7 分钟，但总数据量和技术力度相当于 131 分钟的《环太平洋》②；第二，目前的 VR 硬件设备虽然

① 姜荷.VR 虚拟现实技术下影像表现形式的可行性分析及对电影产业格局的冲击与挑战[J].当代电影，2016(5)：134-137.

② 宁德万达电影城. 首部获得奥斯卡大奖的 VR 影片诞生了！[EB/OL].(2017-11-14)[2020-03-10]. https://www.sohu.com/a/204385630_768773.

在持续优化，但观众使用 VR 设备有不适感和眩晕感等问题仍然存在，设备也尚未实现完全的轻量化。

（二）VR 展映：翠贝卡电影节

翠贝卡电影节是美国知名的独立电影节。该电影节于“9・11”事件后由几位好莱坞明星和电影人创立，第一届翠贝卡电影节于 2002 年在翠贝卡电影学院成功举办。翠贝卡电影节较早将 VR 影视作品纳入展映和评奖范围，2016 年，该电影节首次展映 VR 相关作品，并针对 VR 影视作品设置了“故事轴”与“虚拟走廊”两个展区。

从 2016 年至 2021 年，翠贝卡电影节每年展映的 VR 电影作品总量较为稳定，在 20 个左右。其中 2017 年展映的数量最多，达到 29 个；2020 年因受新冠肺炎疫情影响，电影节延期，在线上举办相关活动，[①]展映影片数量仅为 15 部，并全部被归入 360 影院展区（见图 1-5）。

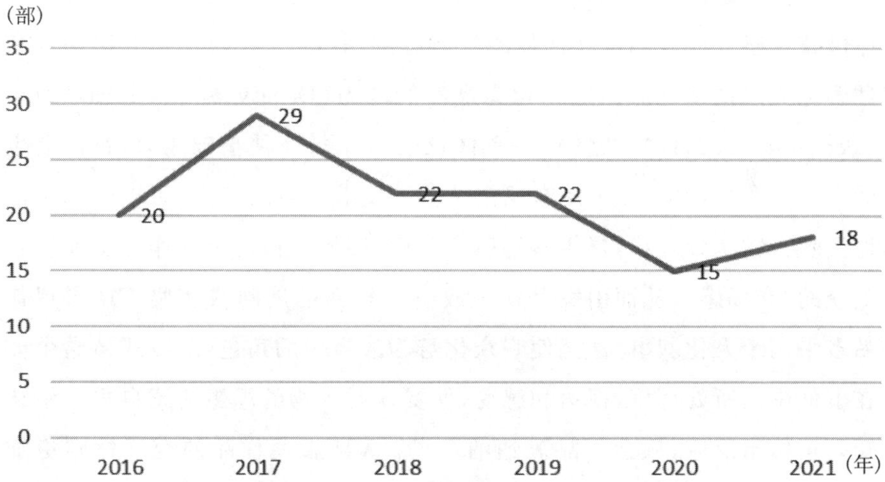

图 1-5　翠贝卡电影节展映 VR 影片数量

① 乐客 VR. 翠贝卡电影节将改为线上 VR 电影展[EB/OL].(2020-04-10)[2020-05-15]. https://www.sohu.com/a/386933485_411236.

由于翠贝卡电影节接纳 VR 影视作品时间较早，因此展映的 VR 相关影像内容丰富且形式多样。总体而言，展映或获奖的 VR 影片主题呈现出从突出 VR 技术所营造的感官体验的奇幻、恐怖等类型，向社会事件、反思科技发展、现代生活等社会性议题拓展的趋势。2016 年展映的 20 部影片中，奇幻、恐怖和体验类共有 7 部，占比 35%；而在 2021 年展映的 18 部影片中，该类电影仅有 3 部，占比 16.7%，无论从绝对数量还是从比例上看，纯粹突出 VR 感官体验的作品有所减少，思想内容在 VR 影视作品中的重要性得到强调。而自 2016 年以来，翠贝卡电影节中展映或获奖的 VR 影视作品所关注的社会性议题就十分广泛，涉及残障人士、移民、同性恋者等社会边缘群体，大屠杀、性侵、校园暴力等社会事件，以及反思科技发展、哲思、历史等具有较强思考性的人文主题。对人与人之间联系的强调、对社会公正的追求，以及对人类发展前途的终极追问体现出的人文精神始终是优秀作品的核心。

而在主题的表达形式上，展映或获奖的 VR 影片发挥了 VR 技术可提供特殊感官体验和交互性强的优势。共情(empathy)是指个体知觉和理解他人的情绪并做出适当行为反应的能力(Decety & Svetlova，2012；Decety et al.，2016)，共情作为个体社会认知的一种基础能力，对社会生活具有重要的影响。① VR 影视作品由于技术本身的特点，可以较为全面地反映人物所处环境，提供多种感官体验，因而比传统影视作品更能增强受众的“在场感”，从而引发共情。故事性较强的展映或获奖 VR 影视作品多采用个人化叙事，甚至使观众化身为故事中的角色，沉浸式体验个体在事件中的所处环境、视角和感受，使受众对人物的思想情感自主产生认知乃至做出反应，领会作品表达的主题。VR 影视作品的交互性则更加有效地调动了受众的自主性。部分展映或获奖作品采用互动解谜等形式，增加观影者自身的参与度，使受众由被动的“接收者”转换为主动的

① 颜志强，苏彦捷.认知共情和情绪共情的发展差异：元分析初探[J].心理发展与教育，2021，37(1)：1-9.

“探索者”，创造更优质的用户体验。但是，也有研究认为，互动类视频呈现出较强的游戏属性，用户的体验更多地聚焦于探索多元结果的娱乐性，而不是对创作者或者视频角色的情绪代入感。[①] 而翠贝卡电影节近年来展映的VR影视作品中，互动类总体数量也较少，仅出现在2019年的“虚拟走廊”和“故事轴”展区。

(三)独立电影节：瑞丹斯独立电影节

英国瑞丹斯独立电影节于1992年正式成立，总部坐落于英国伦敦，是一个拥有20多年历史的老牌欧洲电影节，被誉为世界50个不可错过的顶级电影节之一。2012年，瑞丹斯顶级电影节成为英国第二个具有向奥斯卡提名资格的电影节。

瑞丹斯独立电影节以辨别影响电影产业的前沿科技浪潮的能力享誉世界，VR电影自然也是其关注的重点。早在2016年，瑞丹斯独立电影节就设立了VR放映厅，2017年第25届瑞丹斯独立电影节首次设立了VR竞赛单元及11个瑞丹斯VRX奖项，分别是最佳交互叙事VR体验奖(Best Interactive Narrative VR Experience)、最佳手机交互叙事VR体验奖(Best Mobile Interactive VR Experience)、最佳影片叙事VR体验奖(Best Cinematic Narrative VR Experience)、最佳纪录片VR体验奖(Best Documentary VR Experience)、最佳动画片VR体验奖(Best Animation VR Experience)、最佳音乐VR体验奖(Best Music VR Experience)、最佳品牌VR体验奖(Best Branded VR Experience)、最佳感官VR体验奖(Best Sensual VR Experience)、最佳社会影响力VR体验奖(Best Social Impact VR Experience)、最佳音效设计VR体验奖(Best Sound Design VR Experience)，以及特别奖项：最佳虚拟现实故事奖(Special Prize: Best Storytelling in Virtual Reality)，此后每年的奖项设

① 赵瑜.叙事与沉浸：Bilibili“互动短视频”的交互类型与用户体验[J].西南民族大学学报(人文社会科学版)，2021，42(2)：129-134.

置略有改动，但变化不大。由此可以看出，相比于其他国际电影节而言，瑞丹斯独立电影节 VR 相关奖项的设置更多维，如针对感官体验、音效设计等单独设奖，同时还考虑到电影作品的现实意义，设立了最佳社会影响力 VR 体验奖等。

截至 2020 年第 28 届瑞丹斯独立电影节闭幕，瑞丹斯独立电影节共颁发 43 个 VR 相关奖项，将重复获奖的影片进行除重处理后，共得到 37 部获奖影片。随着奖项设置的丰富和获奖影片的增多，获奖影片主题相较其他电影节也更加多元化，囊括了反思科技发展、感情、剧情、科普、恐怖、其他、奇幻、人文地理、弱势群体、音乐、哲思这 11 类主题。其中奇幻主题最多，占比为 24%。

值得一提的是，瑞丹斯独立电影节 VR 竞赛单元的获奖作品中，不乏一些制作精良的游戏作品，例如获得 2018 年瑞丹斯独立电影节最佳交互叙事 VR 体验奖的恐怖交互游戏《移情》(*Transference*)、2020 年获得杰出艺术成就奖(Outstanding Achievement in Art)和杰出音频成就奖(Outstanding Achievement in Audio)双重奖项的冒险游戏《纸鸟》(*Paper Beast*)等，它们正是 VR 影片与 VR 游戏界限模糊的现实注脚。

第四节　总结

研究团队通过观察几大国际电影节及电影电视类奖项中获奖/展映的 VR 影片发现，自 2016 年 VR 元年以来，VR 影视越来越受到业界的承认和重视。目前设立 VR 影片奖项的国际电影节愈来愈多，但从有关影片制作国家的统计数据来看，VR 影视发展的地区差距虽然有所缩小，却依然客观存在，以美国为代表的西方发达国家在这一新兴领域仍处于领跑地位。而 VR 技术也在发展中进步，VR 技术与动画、建模等相对成熟的影片制作技术融合运用，为内容创作提供了基础性的支持。

在技术发展的同时，VR 影片本身的创作思路也在不断创新变化——作品的原创比例较高，且优秀作品突破了单纯强调VR技术交互体验的局限，各类知名电影节都关注VR影片话题的多样性与社会意义。虽然奇幻和恐怖类内容从体验感和娱乐性上来说确实是适合用VR来体现的，但是从电影节的选片上看，各大国际电影节都广泛关注不同社会群体和社会生活，体现出对"人"的强烈关怀。麦克卢汉认为"艺术在新技术的打击使意识过程麻木之前，就能矫正各种感知的比率"①，我们也期待艺术家通过与VR技术的碰撞，能在技术中反思技术，在新的"感知的比率"中获得对社会问题的新答案。

进一步对世界四大电影节、翠贝卡VR电影展映及瑞丹斯独立电影节中出现的VR影片单独进行分析后发现，虽然各大国际电影节都纷纷向VR电影抛出橄榄枝，但是大多处于一种浅尝辄止的状态，设奖并不完善，更多的是将VR电影作为展映体验的一部分。只有威尼斯国际电影节和英国瑞丹斯独立电影节对VR奖项的设置较为多元且成体系。

在分析的过程中我们也发现，电影节中也不乏一些VR游戏/新闻获奖，从中可以看出目前业界对VR影片、VR游戏和VR新闻三者的界限认识还较为模糊，但其实三者的核心存在着明显不同：VR影片虽然有交互的成分，但其更重视的还是故事本身；VR游戏则是将交互娱乐置于主要地位；VR新闻和前两者不同的部分在于，真实是它的第一追求，VR新闻中的一切都应来自真实的新闻事件。

综上所述，VR影视的发展方兴未艾，而在新的媒介技术环境和行业机遇面前，中国VR影视应如何"破圈"、抢占先机与话语权仍然是一个值得思考的问题。

① 麦克卢汉.理解媒介：论人的延伸[M].何道宽，译.北京：商务印书馆，2009：102.

第二章
2020年中国VR设备线上消费市场发展研究报告

第一节 研究目的

2016年被称为“中国VR元年”，除了资本和企业的推动，消费者对VR硬件产品的热情也为中国VR市场的井喷式发展提供了助力。据《新潮电子》报道，2016年我国VR市场中，“VR头戴设备”这个细分市场以20.5亿元的规模占据VR整体市场份额的59.2%。[①] 2016年京东“6·18”消费数据显示，“京东商城”的VR眼镜销量增幅高达23,498.21%，领跑3C类商品销量。然而“VR元年”的盛景不长，仅仅到了2016年下半年，国内VR硬件企业就陷入同质化竞争中，VR产品销量预期不断下跌，一些小厂商纷纷退出市场，看起来国内VR市场在经历了野蛮生长之后迅速进入“寒冬”。但国内VR市场给人的“寒冬”感主要来自硬件领域，事实上自2016年上半年起，国内资本对VR行业的投资偏好就发生了从硬件到软件的转变，国内各大实力雄厚的VR厂商也开始积极投入VR内容平台的搭建以及VR产业生态的建设中。[②] 经过几年的沉淀和发展，国内VR产业在影视、游戏、医疗、教育、旅游、地产等领域均得到了广泛应用，再加上2019年起5G网络的正式商用和规划建设为VR产业发展提供了有利的技术支持，VR产业重新焕发了活力。

---

① 缺乏场景化的VR面临寒冬[J].新潮电子，2017(10)：82-84.

② 缺乏场景化的VR面临寒冬[J].新潮电子，2017(10)：82-84.

2018 年,杨晓东、郑毅敏等人研究指出,市场中超过 60%的消费者在购买 VR 设备方面的预算仅为 500—3000 元,但彼时该价位内的 VR 设备大多都不适合长时间佩戴,即市面上 VR 设备的质量和价格难以满足消费者的需求。[①] 随着近几年 VR 硬件设备供应链和生产技术日趋完善和成熟,VR 硬件设备在性能及体验方面不断优化,同时价格也大幅降低。与此同时,VR 设备的类型也越来越丰富,应用场景越来越细化,消费能力各异的消费者在各自能承受的消费范围内有了更加多样的选择。目前国内的 VR 设备产品以"线下体验+线上购买"的模式为主,因此对电商平台上的 VR 设备进行整体分析,有助于我们客观了解国内 VR 硬件设备的发展水平,有一定的现实意义。

第二节　研究方法

本研究团队对在"京东商城"网页版上用"VR"进行关键词搜索得到的商品信息进行数据抓取和研究。"京东商城"是中国自营式电商企业京东旗下的电子商务网站之一,在 ALEXA 排名中居全球第 11 位,国内第 10 位。"京东商城"自 2004 年起开始经营电子产品,包括光磁产品、电脑产品等,并通过自营的模式保证电子产品的高质量,发展前期在数码爱好者和电子发烧友等群体中积累了良好的口碑。2008 年 6 月,"京东商城"扩充了空调、冰箱、电视等家电品类,成功完成了 3C 产品线上销售渠道的搭建,成为名副其实的 3C 网购平台。2008 年 1 月,易观国际将"2007 网上 3C 产品零售服务商"荣誉授予"京东商城"。同年 7 月,"京东商城"作为国内首屈一指的 3C 网购平台首次参选并登上"清科—2008 中国最具投资价值企业 50 强"榜单。通过多年的积累,"京东商城"在 3C 产品领域,无论是商品品质、价格服务,还是物流配送等方面,较其他电商平台有显著优势,因此我们选择"京东商城"作为

---

① 杨晓东,郑毅敏.VR 视频产品的消费者偏好分析[J].全国流通经济,2018(1):3-4.

VR 产品数据的来源进行数据抓取。

数据抓取的时间为 2020 年 12 月，采集的信息分为两部分，一部分是商品的基本信息，另一部分是商品的评论信息。商品的基本信息包括商品名称、商品价格、商品品牌、评论数和所在店铺等 5 项；商品的评论信息包括商品名称、会员名称、会员级别（是不是 plus 会员）、评价星级、评价内容、评价时间、点赞数、评论数、追评内容、追评时间和商品属性等 11 项。

第三节　研究结果

通过在“京东商城”网页版上用“VR”作为关键词进行初步搜索，共获取相关商品数据 5773 条，之后经过人工遍历与筛选，剔除与 VR 眼镜等设备不相关的数据 919 条，实际获得与 VR 设备相关的商品数据 4854 条。随后通过对 4854 个商品进行评论爬取，共获得评论数据 67,078 条。由于“京东商城”网页版中单个商品最多加载 1000 条评论，因此获取的评论数据总数与第一阶段商品数据中的评论数之和有较大差距。

一、VR 设备品牌及其市场份额情况

在获取的 4854 条商品数据中，共包含 97 个 VR 设备品牌，平均每个品牌拥有 50.4 个商品链接。拥有商品链接个数超过平均每个品牌拥有商品链接个数的品牌有 25 个，略多于品牌总数的 1/4，其中拥有商品链接个数超过 100 个的品牌有 9 个（HTC VIVE、良霁、小派 PIMAX、千幻魔镜 shinecon、联语 LIANYU、CCA、GUYO、果瀚、创新 Creative）。拥有商品链接个数不超过 10 个的品牌有 47 个，超过品牌总数的一半。

从总体上来看，每个 VR 设备品牌在线上购物平台所占的市场份额极度不平衡，一些在 VR 领域耕耘时间较长的专业品牌拥有较大的市场份额，例如 HTC VIVE（商品链接数 776，第 1 位）、小派 PIMAX（商品链

接数 261,第 3 位)、Oculus(商品链接数 95、第 10 位)、小鸟看看 pico(商品链接数 94,第 12 位)等。从其他行业切入 VR 赛道的品牌背靠强大的企业,其 VR 硬件产品也拥有不错的市场份额,例如创维 Skyworth(商品链接数 90,第 13 位)、爱奇艺 VR(商品链接数 82,第 17 位)、华为 HUAWEI(商品链接数 51,第 25 位)。而在拥有商品链接较少的品牌中,除了生产能力较弱的小厂商和刚进入赛道不久的其他行业公司,也不乏很多专业从事 VR 设备生产研发的公司,比如入选 2020 年中国 VR 50 强企业的耐德佳(商品链接数 14,第 45 位)、面向 B 端的国内领先的 XR 硬件生产商影创等。图 2-1 为拥有 VR 商品链接最多的 10 个品牌。

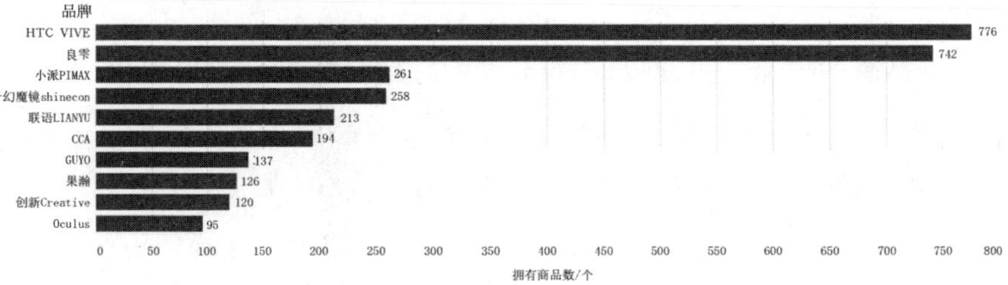

图 2-1　拥有 VR 商品链接最多的 10 个品牌

获取的所有商品数据共涉及 188 个店铺,平均每个店铺拥有 25.8 个 VR 商品链接。拥有商品链接个数超过平均每个店铺拥有商品链接个数的店铺有 36 个,不到店铺总数的 1/5,其中拥有商品链接个数不低于 100 个的店铺有 16 个。拥有商品链接个数不超过 10 个的店铺有 123 个,接近店铺总数的 2/3。图 2-2 为拥有 VR 商品链接最多的 20 个店铺。

在每个品牌涉及的销售店铺数量方面,平均每个 VR 设备品牌在 1.9 个店铺销售。销售店铺数超过平均数的品牌有 45 个,接近品牌总数的一半;只在 1 家店铺销售的品牌有 52 个。有不低于 10 个店铺销售渠道的品牌有 10 个(HTC VIVE、华为 HUAWEI、Insta360、小鸟看看 pico、爱普生 EPSON、小派 PIMAX、惠普 HP、创维 Skyworth、索尼 SONY、千幻魔镜 shinecon)。同时,从店铺销售的品牌种类来看,每家店铺仅销售

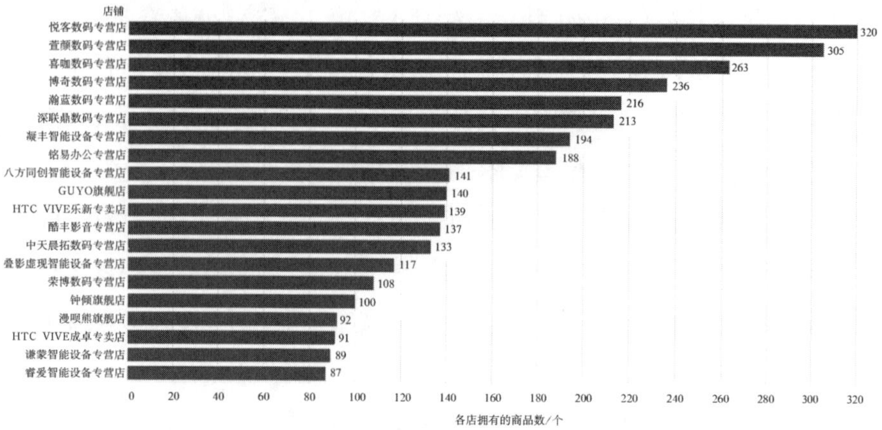

图 2-2　拥有 VR 商品链接最多的 20 个店铺

1—2个品牌的产品。由此可以看出，VR 商品的销售呈现集中化、专业化的趋势，而在 VR 领域专业性较高的知名大厂品牌在多家店铺均有产品销售，线上销售渠道较宽广，其他新兴的、知名度不高的小厂品牌则仅在 1 家或 2 家店铺销售，实行单一渠道的集中销售。图 2-3 为销售店铺数量最多的 20 个品牌。

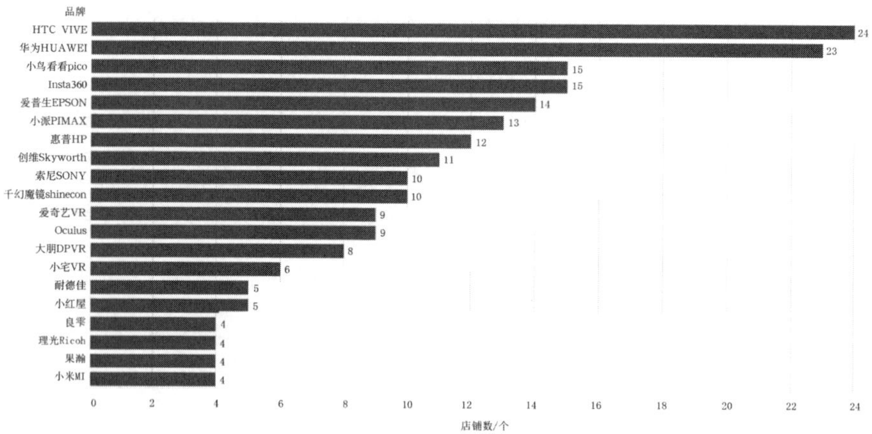

图 2-3　销售店铺数最多的 20 个品牌

二、品牌 VR 设备市场价格情况分析

本研究团队对 VR 商品的价格标签进行了采集，分别从 VR 商品价格的平均数和中位数进行分析。由于总体来看 VR 设备价格差异较大，因此引入中位数作为分析维度来平衡分析结果。

在获取的所有 VR 商品数据中，产品价格的平均值为 5444 元，中位数为 839.5 元，可见 VR 设备的市场价格差异较大，高端产品价格显著抬升了 VR 设备的平均价格水平，但万元以下的 VR 设备占产品总数的 85.95%，5000 元及以下的 VR 设备占产品总数的76.43%，超过一半的产品价格在千元以下。总的来说，VR 设备价格亲民，在人们可以承受的消费范围之内。

价格低于百元的 VR 商品共有 293 个，绝大多数都是 VR 盒子类产品，需要将手机放入盒子中充当显示器，品牌主要是一些知名度较低的小厂商品牌。价格高于 10 万元的 VR 商品共有 22 个，其中幻影星空品牌下的商品有 13 个，商品类型主要是应用于线下体验店的大型 VR 模拟设备和面向 B 端的教育类设备。

从各品牌 VR 商品的平均价格来看，超过万元的品牌有 11 个。其中方盾品牌仅有 VR 模拟器一款产品，但其价格却居于所有品牌平均数榜首(125,000 元)。紧随其后的是幻影星空(平均价格 105,615 元，第 2 位)，其母公司广州卓远虚拟现实科技有限公司是一家以打造高品质 VR 应用解决方案为使命的创新企业，在国内 VR 泛娱乐、VR 科普教育、VR 文化旅游等多个领域均有 VR 医用体验项目落地。

从各品牌商品的价格中位数来看，超过万元的品牌仅有 5 个，价格中位数最高的前两位仍是方盾和幻影星空。而在价格平均数中位于前十位的助率 ZHULV(价格平均数 21,306 元，第 4 位；中位数 135 元，第 82 位)、Insta360(价格平均数 12,509 元，第 6 位；中位数 3154 元，第 21 位)、果瀚(价格平均数 11,406 元，第 7 位；中位数 1212 元，第 40 位)三个品

牌，其价格中位数排名却相对落后，说明这些品牌虽然也有几款价格略高的高端产品，但其主要还是面向消费能力居于中上水平的普通消费者。

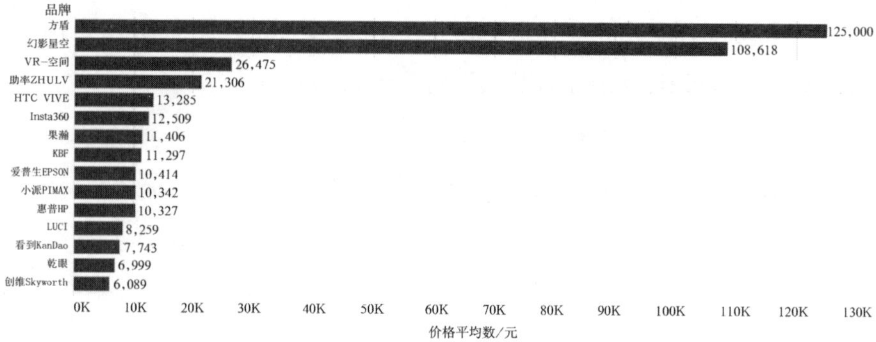

图 2-4　价格平均数最高的 15 个品牌

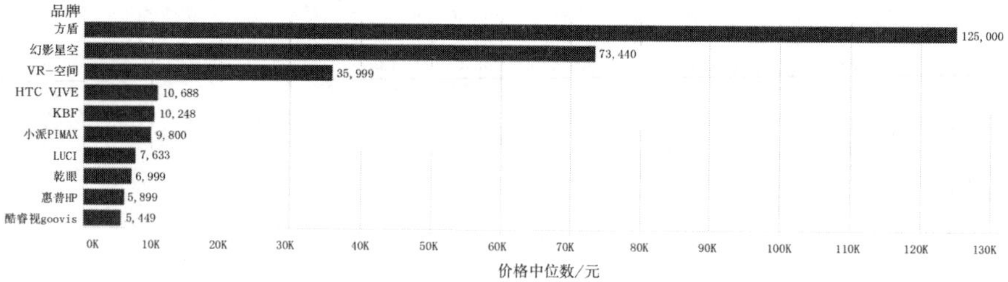

图 2-5　价格中位数最高的 10 个品牌

从各品牌旗下商品的最高价格和最低价格的价格差来看，价格差超过万元的品牌有 19 个，价格差超过 10 万元的品牌有 6 个，其中幻影星空居首位（最低价 4300 元，最高价 348,600 元，价格差 344,300 元），创维 Skyworth 位列第二（最低价 1099 元，最高价 205,697 元，价格差 204,598 元）。图 2-6 为同品牌下 VR 商品价格差最大的 20 个品牌。

造成同一品牌下的产品价格差异如此巨大的原因主要有三种：第一种是 VR 眼镜从业余级别到专业级别的设备质量提升导致价格差异，例如看到 KanDao、耐德佳、酷睿视 goovis 等，其中也包括从 VR 盒子到 VR

一体机的质量差异，例如 GUYO；第二种是从单个的 VR 眼镜到包括 VR 眼镜在内的全套配套装备和软硬件服务的服务增值导致价格差异，这类高端成套装备的应用领域一般以游戏领域为主，例如 Insta360、CCA、惠普 HP、爱普生 EPSON 等；第三种是从 VR 盒子或 VR 一体机到大型 VR 模拟设备，或提供相应的 VR 内容方案，即从 VR 硬件到 VR 生态的转型导致价格差异，例如幻影星空、创维 Skyworth、HTC VIVE 等。

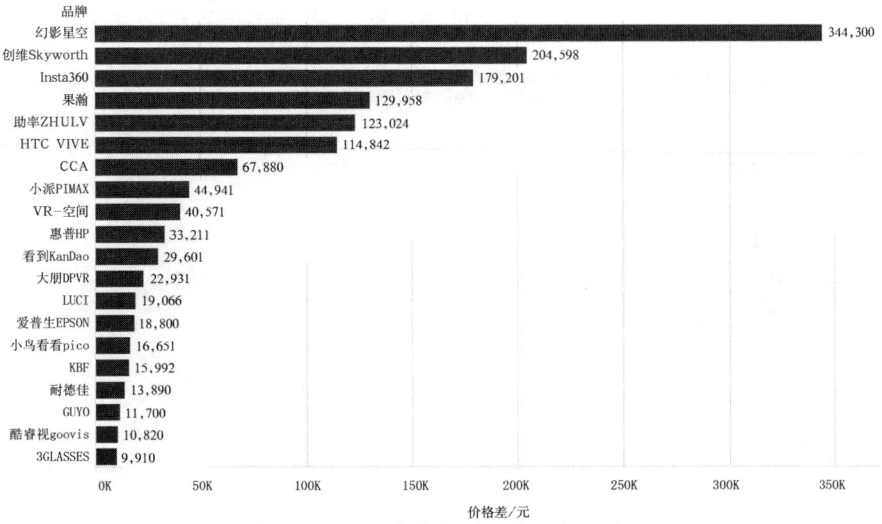

图 2-6　同品牌下 VR 商品价格差最大的 20 个品牌

三、各品牌 VR 设备评论分析

由于无法直接抓取与商品销量有关的数据，因此我们从商品评论的总数侧面观察各品牌 VR 商品的销量。因为抓取到的评论数是“10+”的形式，所以本研究取“+”前面的整数部分作为该商品评价数量的近似值，各品牌 VR 商品的评价总数也是基于这个数字计算出来的，与真实的数据会有一定偏差。

评论数量为个位数的品牌有 27 个，超过品牌总数的 1/4，其中评论数量为 0 的品牌有 16 个。获得评价最多的品牌为爱奇艺 VR(109 万),它也是唯一评论数突破百万的品牌。评论数突破 1 万的品牌共有 18 个,接近品牌总数的 1/5。从评论总数侧面反映销量的角度来看,消费者在选择 VR 商品时,更倾向于专业化程度较高的、在 VR 领域深耕时间较长的、知名度较高的 VR 品牌,例如爱奇艺 VR、千幻魔镜 shinecon、HTC VIVE 等。而一些小厂商的产品,尽管价格低廉、商品链接也不少,但仍鲜有人问津。图 2-7 为评论总数最多的 20 个品牌。

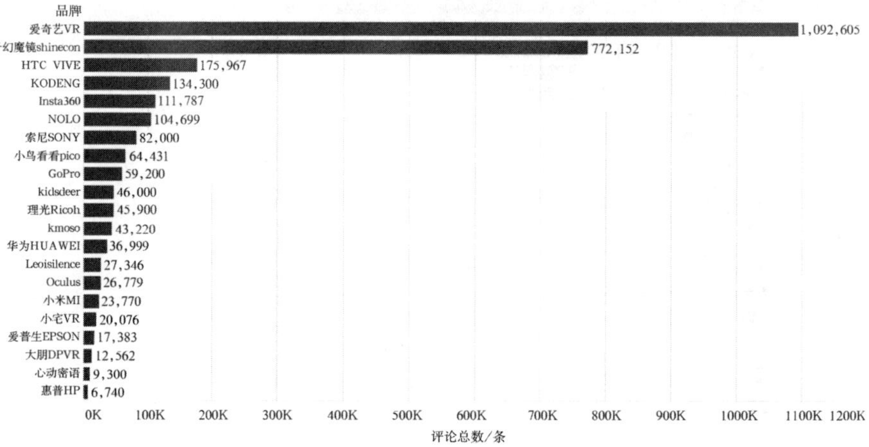

图 2-7　评论总数最多的 20 个品牌

商品的评价星级代表了消费者对商品的满意程度,星级范围为 1—5。从各品牌的平均评价星级来看,平均评价星级在 4.8 及以上的品牌有 33 个,占所有品牌的 1/3,其中平均评价星级为 5 的品牌有 11 个。从整体上看,消费者对 VR 产品较为满意。图 2-8 为平均评价星级最高的 15 个品牌。

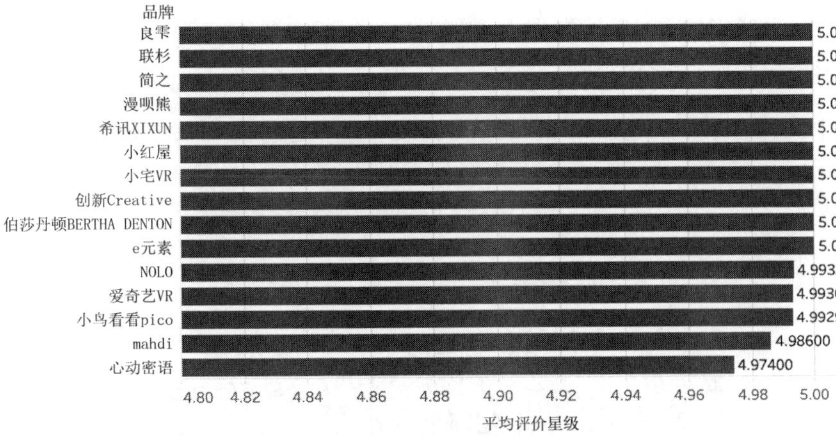

图 2-8　平均评价星级最高的 15 个品牌

通过对抓取到的有关 VR 商品的 67,078 条评价内容进行词频统计、关键短语提取等文本分析可以看出消费者对 VR 产品的整体态度倾向及其体验时更关注的因素。图 2-9 为 VR 商品评价中出现的高频词的词云图,“很好”“不错”“非常好”“给力”等正面评价的词语多次出现在词云图中,说明消费者对 VR 产品的评价整体上是正面的。在影响消费者购买的因素方面,2018 年杨晓东、郑毅敏的研究表明,购买 VR 设备的用户最注重佩戴的舒适感和产品价格,其次是内容丰富性、屏幕分辨率、使用便捷度、设备外观等。[①] 而从词云图中可以看到,除舒适度之外,消费者还较为注重 VR 设备的呈现效果、做工工艺、操作难易程度、售后服务、物流包装等因素。值得注意的是,在 2018 年的研究中,舒适度和价格是消费者最注重的因素,而设备外观则最不受重视,但在本次分析所呈现的结果中,价格已经不再是消费者重点考虑的因素,这侧面反映了 VR 硬件技术的成熟使 VR 产品价格逐渐亲民化。另外,除了呈现效果,消费者更加关注 VR 产品本身的做工和质量等,这也反映了消费者对 VR 产品所能提

① 杨晓东,郑毅敏.VR 视频产品的消费者偏好分析[J].全国流通经济,2018(1):3-4.

供的体验的期待已经从 VR 产品创造的虚拟世界的沉浸感扩展到产品本身的沉浸感，这对 VR 设备的生产提出了更高的要求。而在对 VR 产品的负面评价中，“颗粒感”(818 次)、“头晕”(688 次)、“卡”(458 次)、“重”(271 次)、“慢”(271 次)等词语频繁出现，这些是消费者在体验中遇到的主要问题。

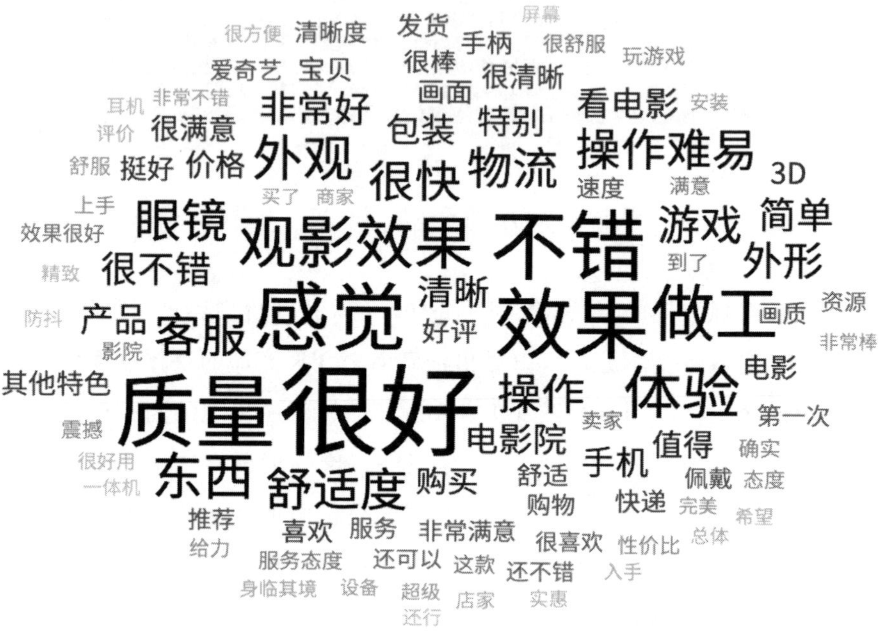

图 2-9　VR 商品评价高频词词云图

第四节　总结

本研究团队通过对“京东商城”网页版中的 4854 条与 VR 设备相关的商品数据进行分析，探究目前 VR 设备在线上消费市场中的总体情况。研究发现，目前国内销售 VR 设备的厂商较多，且其市场份额差距较大。在 VR 领域深耕时间长、专业性强、知名度高的厂商旗下商品数量较多，占据的市场份额较大。知名度较低的厂商大多数由于生产能力不足等原因,商品数量较少,市场份额较小。也不乏知名度较低的小厂商旗下拥有较多商品的情况,这类厂商虽然有较大的市场份额,但销售情况却不尽如人意。另外,也有一些专业度较高的VR设备厂商拥有的线上销售商品数量较少,这可能是因为生产能力有限,也可能是因为本身主攻的业务领域不适合线上销售等,这种现象产生的原因还有待进一步探究。

在销售渠道方面,本研究发现,"京东商城"销售VR设备的店铺数量接近VR品牌数量的2倍,但每个店铺仅销售1—2个VR品牌的产品,呈现专一化的销售趋势。大厂商与小厂商的销售策略也有明显的区别。很多知名大厂品牌将商品分散在多家店铺销售,销售覆盖面广,更容易抢占更大的市场份额。而小厂商则会在1—2家店铺进行集中销售,且会选择成立自己的品牌旗舰店,从一定程度上显示自己的专业度。

在VR产品价格方面,5000元以下的经济适用型设备超过产品总数的3/4,大多数消费者可以在日常消费范围内选择更能满足自己使用需求和期待的产品。一些在VR领域深耕多年的大厂商产品种类更丰富,市场细分更明显,针对不同消费水平的消费者都有与之匹配的产品。而小厂商则大多选择价格亲民的低端产品,主打价格战,强调性价比。整体上看,VR设备的价格差异显著,低端产品与高端产品价格差异明显,单独设备与配套设备价格差异明显,VR硬件与VR内容生态价格差异明显。

在VR产品的用户评价方面,目前大多数消费者对VR产品的使用体验持积极正面的态度。除了佩戴舒适度、画面呈现效果、操作难易程度等消费者一直以来都比较关注的因素外,产品的做工、工艺、外形外观、物流包装、售后服务等因素也已成为消费者关注的重点,这对VR设备除硬实力之外的附加价值的提升提出了更高的要求。

第三章 2020年VR游戏产业发展数据报告

第一节 研究目的

娱乐作为VR技术和系统应用的重点领域，是VR消费中重要的一环。数据统计公司Super Data Research的最新报告显示，VR消费在2020年迅速增加，全球VR游戏总收入在2020年增长了25%，从4.71亿美元增加到5.89亿美元。由于疫情原因，消费者不得不长时间待在室内，用娱乐产品消磨空闲时间。Steam平台2020年的年度报告资料显示，Steam VR的会话数量达到1.04亿次，新增VR用户170万，VR游戏时间比2019年增加了30%，VR游戏销量同比增长32%，VR游戏消费者数量急剧增加，呈现良好增长态势。

游戏玩家增多，VR头显设备之间的竞争也在加剧，根据Steam平台的公开资料，大多数头显设备的市场份额都呈下滑趋势，只有少数呈现增长态势，整体呈现“一超多强”局面，除了头部的数个设备的数据占比较高，其余各个设备所占份额均不足1%。Oculus公司系列产品的份额略有下滑，但依然占据了半壁江山（51.19%）；HTC公司的份额排名第二，为20.84%；Valve Index以16.13%的份额占比排名第三，实现了对Oculus Quest的反超。

头显设备不断迭代、优化，新型产品层出不穷，这也是VR游戏提供良好体验的基础。Valve公司公布的数据表示，2020年有4660万位使用者曾使用控制器，而2019年底则为3180万；2020年有16.8亿次使用控制器的游戏阶段，相比2019年的10.1亿次增长了66.6%。控制器的使用显示了消费者对于头显质量、操作方式、沉浸感的进一步追求，也说明了VR游戏在不断配合头显和手柄进行优化，而非止步于单一、原始的交互方式。

对Steam平台上的VR游戏购买、评价情况进行整体分析，有助于客观了解VR游戏的发展情况、市场环境以及消费者诉求，有一定的现实意义。

第二节　研究方法

根据Steam平台公布的"2020年度最佳游戏排行榜"，按照榜单上所列的最受欢迎的VR游戏分别记录产品的名字、游戏类型、发行日期、全部评论数量等信息，对收集到的信息利用Nvivo、Excel等软件进行制作词云、制作统计图表等分析，观察总结用户对于VR游戏的体验偏好，统计VR游戏的设计趋势和发展倾向。

第三节　研究结果

一、游戏设计角度分析

首先，本研究从游戏本身的硬件配置、价格、游戏属性角度出发，对研究涉及的85款游戏进行了分析解读。

图3-1的数据显示，这部分榜单上的游戏/应用，88%都属于"VR独占"，即仅限配合VR设备使用，仅8%的游戏同时可供PC使用，4%属于"支持VR"。

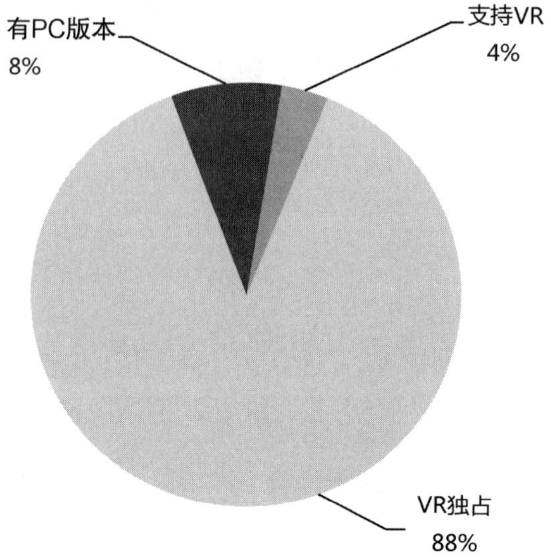

图 3-1　游戏 VR 独占率图

如图 3-2 所示，2020 年榜单上的 VR 游戏的发行时间大多在 2018—2020 年，其中 2020 年有 22 款，占 26%；2019 年和 2018 年都是 18 款，各占 21%；2017 年有 15 款，占 18%；2016 年有 10 款，2014 年有 1 款，2011 年有 1 款。整体上看，2018 年之后所发行游戏的上榜数量占绝对优势；从趋势上看，随着技术的进步，越是发布年份接近现在的游戏，得到好评的概率越高，游戏做得越好。

从图 3-3 显示的数据来看，超过半数(47 款)的 VR 游戏定价在 41—80 元人民币，占比 55%；26 款价格在 81—120 元人民币的游戏上榜，占到 31%。有趣的是，上榜游戏中没有 121—160 元。剩下的部分，除了少量 40 元人民币以下的，就是 161—200 元、200 元以上的，占比较小，分别占 5%、6%。

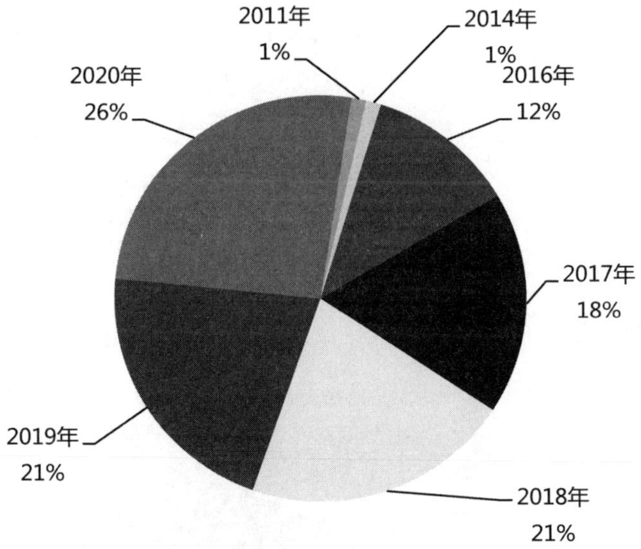

图 3-2　VR 游戏发行日期图

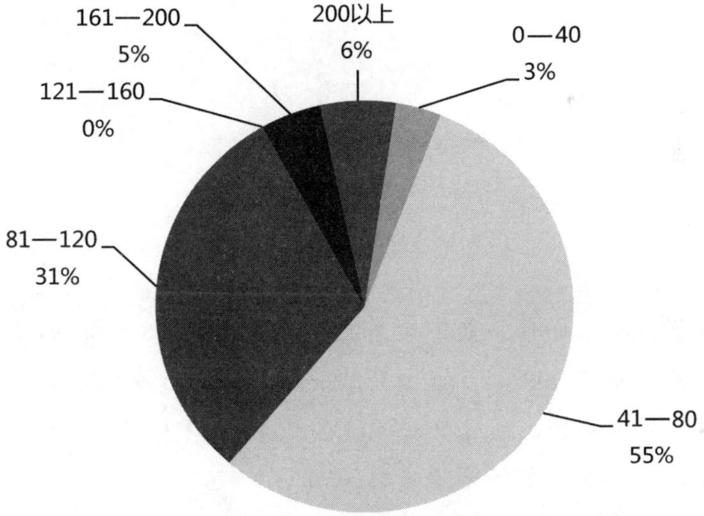

图 3-3　VR 游戏价格区间图

如图 3-4 所示，在 VR 游戏的互动性方面，有 62 款游戏属于单人游戏，占 73%；11 款游戏属于单人模式的线上合作类，占 13%；值得注意的是，有 4 款工具类产品未被归入单人或多人模式，占 5%。单人线上对战游戏有 3 款，占 4%；多人模式的 VR 游戏仅 2 款，占 2%。这种单人模式游戏的数量占比呈压倒性的情况可能和 VR 游戏需要配合定位运动控制器使用、单套设备价格相对昂贵有关。体验 VR 游戏目前属于相对私人的娱乐方式，配备足够多的可供多人同时玩的设备也可能成为商家选择开发单人模式游戏的原因之一。

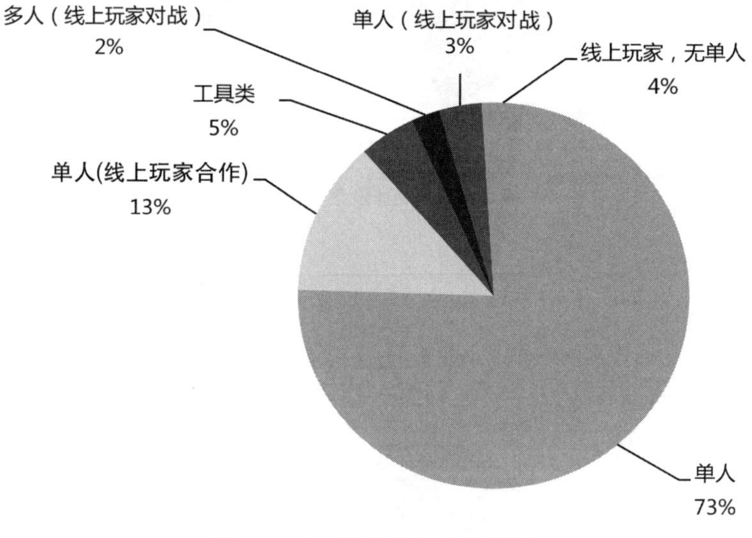

图 3-4　VR 游戏的模式分类图

VR 游戏对于操作系统的要求相对较高，如图 3-5 所示，所有上榜 VR 游戏都要求 Windows 7 或更新的系统。30 款产品（占 35%）要求使用 Windows 10 系统。通过统计可以看出，游戏开发时要求适配的操作系统是随着时间的推移不断提高的。

在对处理器和显卡的需求方面，通过观察统计发现，虽然各款游戏要求不同，但较普遍的要求为：处理器为 Intel i5-4590 或更高版本，显卡为 NVIDIA GTX 970 或更优水平。

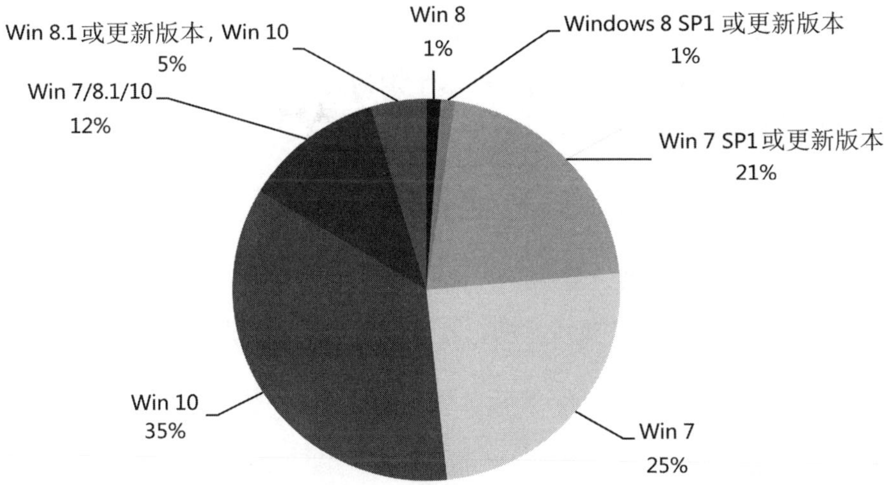

图 3-5　VR 游戏操作系统图

图 3-6 数据显示，有 49 款 VR 游戏（占 58%）要求内存大小为 8GB RAM，这在目前的电脑配置方面属于相对高的。由于 6GB RAM 这种内

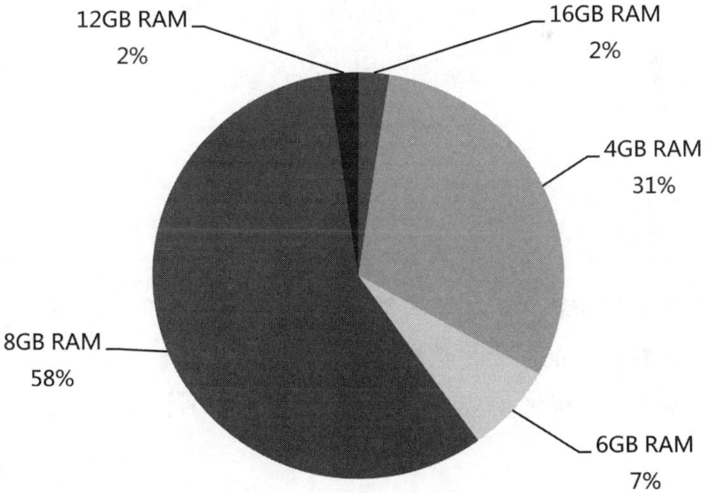

图 3-6　VR 游戏内存需求图

存本身使用率较低，因此仅有 6 款游戏使用该配置（占 7%）。一些发行较早的 VR 游戏则仅要求 4GB RAM，有 26 款游戏适用于这个要求，占 31%。最后，少数游戏则追求更高水平的内存，如 12GB RAM 和 16GB RAM 各适用于 2 款游戏，各占 2%。

二、游戏体验角度分析

对于这 85 款游戏，Steam 平台的玩家给它们设置了自定义标签，用以区分其内容。本研究将所有的标签整合后进行统计分析，制作出图 3-7 的词云。

图 3-7 用户自定义标签词云图

通过比较图中词语的大小可知，虚拟现实、动作、独立、冒险这几个类别是出现次数最多的。大多数游戏的内容都属于动作类、冒险类，且大多属于独立游戏[①]。在此 85 款产品中，动作类标签的出现次数高达 51 次，

① 独立游戏：相对于商业游戏而存在的另一种游戏，一般指不受商业资金影响或不以商业发行为目的、独立完成制作的游戏。

独立类 33 次，冒险类 29 次。提及次数紧随其后的是射击类、模拟类、休闲类，分别出现 23 次、22 次和 14 次。这 7 种标签占据了 40%左右的比例。

图 3-8　热门用户自定义标签图

相比之下，根据 Steam 官方给出的游戏分类得出的词云如图 3-9 所示。

图 3-9　官方游戏分类词云图

可以看出，在官方分类中，这 85 款游戏的热频词是“动作”“独立”“冒险”“模拟”“休闲”，和用户自定义标签内容基本一致。

由此可以得出：对于 VR 游戏，Steam 用户偏好于动作类、冒险类和模拟休闲类，并更喜欢独立游戏。

如图 3-10 所示，在各上榜游戏的全部评测打分中，有 18%达到最高评价标准“好评如潮”（好评率在 90%以上），50%达到次一级标准“特别好评”（好评率在 80%—90%），20%仅为“多半好评”（好评率在 70%—80%），剩余 12%为褒贬不一（好评率低于 70%）。其中，单个游戏最高好评率达 98%，最低为 57%，差异较大。大多数游戏好评率都在 80%以上，由此可知多数榜上 VR 游戏都得到了玩家好评。

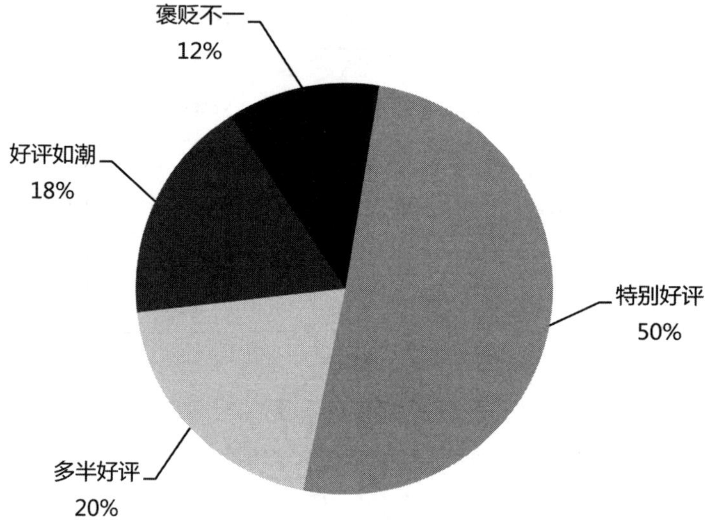

图 3-10　游戏评价统计图

第四节　总结与展望

通过以上数据分析，我们得出以下结论。

第一，从消费者购买行为来看，多数 VR 游戏消费者对价格敏感，选择的头显设备价格在 3000 元左右，属于中等价位；消费者所选择的设备款式也多是有一定性价比的款式，能够兼容多款游戏。部分 VR 游戏消费者追求良好的游戏体验感与沉浸感，与高评分游戏《半衰期：Alyx》深度匹配的设备 Valve Index 2020 年的市场份额有所增加，而其他多数设备的市场份额都在减少。

第二，从游戏本身来看，随着时间推移，VR 游戏发行数量逐步增加，游戏的质量也在逐渐提升，绝大多数游戏属于“VR 独占”，这些游戏能够更好地兼容 VR 设备，也获得了消费者的好评。多数游戏的价格适中，不会给消费者造成负担。

第三，从运行游戏的 PC 端设备来看，多数游戏对于 PC 系统是有一定要求的，但相比于功能更复杂的 VR 头显，除非是对主机性能要求高的游戏，多数游戏都能够在主流 PC 上正常运行，能够兼容多种系统。

目前 VR 游戏市场方兴未艾，对于 VR 行业来说，2020 年是迅速发展的一年，也是利好的一年。国外著名游戏评点典礼 TGA 将“2020 年最佳 VR/AR 游戏”颁发给了《半衰期：Alyx》，它同时获得了 IGN 网站的满分评分。数据分析机构 Super Data 也在游戏报告中将 2020 年大部分 VR 游戏数据的增长归功于《半衰期：Alyx》，该游戏在发行后的 6 个月内就售出了 190 万份，拥有极高的评价，在 2020 年的 VR 游戏市场中极其亮眼。这款游戏搭配 Valve Index，配合着指虎手柄实现手指运动，交互形式十分自然，整套设计系统高度契合 VR 设备，使用者也反馈玩该游戏时晕眩感明显减轻。

这款游戏的成功说明，VR 游戏需要的不只是“新技术”或是新奇的交互体验，更需要贴合剧情的合理自然的交互，以及更平和、晕眩感更弱的体验感。《半衰期：Alyx》的互动形式能够给目前 VR 游戏的交互难题提供解决经验，也有可能成为近年 VR 游戏的设计模板。

但由于设备性能有限，当下的 VR 设备仍旧无法带来高还原度的场景及物理效果，也无法做到触感真实。除此之外，VR 游戏的内容生态建设问题也亟待解决。目前传统的手游已经形成了自己的循环和内容生态，硬件、开发者、用户三方一同运作，iOS 和安卓端的不同也能够被轻松克服。而当前 VR 游戏的内容生态建设刚起步，不同厂商或平台之间的游戏并不能被完全打通，硬件的更新迭代也会导致不兼容等问题。

加布·纽维尔（Gable Newell）——《半衰期：Alyx》的制作者，同时也是 Steam 平台的创始人——在接受媒体采访时表示，目前 Valve 已进军脑机领域，正探索将脑机交互运用于游戏，而 Valve 将于 2022 年推出脑机接口。加布·纽维尔认为，在未来，游戏能够摆脱人的身体，直接在大脑内运行，这样既能够获得更出色的游戏体验，又能够抑制眩晕感。脑机接口或许能够成为未来 VR 游戏的主流形态，它也能够在另一方面解决设备的兼容问题。希望在不远的未来，VR 游戏和设备能够给消费者带来更多惊喜。

第四章
2020 年中国 VR 教育行业发展报告(2017—2020)

第一节　研究目的

教育是将既有科学规范知识通过专业教学人员讲解传授给下一代社会人员的社会实践活动，由于一定的知识的固定化和考试的规范化，整体的教学实践活动往往会呈现出应试化的现象。打破传统教学方式，将新型科学技术与专业设备充分融入新型教学过程中已经成为当下教学领域的重要任务。而 VR 虚拟现实技术凭借其强大的虚拟环境模拟技术和大量的信息传输技术能够充分适应教育领域对信息传递的量化与趣味性的要求。[①]

VR 教育主要是指 VR 虚拟现实技术跨界融入教育场景和业务，促进相关教育场景实现智能化、互动化，提高教育工作者和学习者的效率，在人工智能时代背景下培养适应人机结合思维方式的创新人才。目前 VR 在教育领域最突出的应用为实验教学互动、科普教育虚拟化和数字教育出版等，VR 技术对教学过程和教学结果都有不同程度的影响。梳理当下的 VR 教育行业发展现状，能够相对直观地展现 VR 技术在教育领域的应用，展望智能时代下教育行业新的可能性。

① 吕浩. VR 虚拟现实技术在教育领域的应用前景研究[J]. 计算机产品与流通，2020(10)：6.

第二节　研究方法和数据来源

目前，国内的 VR 技术公司开始进入教育领域，各教育公司开始积极进行 VR 技术应用尝试，百度、网易等互联网巨头也开始进军 VR 教育领域。不少相关技术公司和出版社也在近年尝试合作开发了科普、专业教学等数字教育出版物，比如人民卫生出版社、四川大学、第三军医大学和成都华域天府数字科技有限公司共同打造了《人卫 3D 系统解剖学》VR 版。与此同时，各高校也纷纷引入 VR 实验室，VR 教室不断涌现。高盛集团的投资者报告数据显示，在发达国家，利用 VR/AR 技术辅助教育教学的中小学有约 2 亿所。虽然相对国外的 VR 教育发展，国内的 VR 教育开展得较晚，但由于人口数量庞大、国民对教育问题的重视等原因，VR 教育在国内依然极具前景。

当前，VR 技术还受制于硬件等技术问题，当硬件技术得到有效的解决后，VR 技术将更加大众化，并为传统的教育教学模式提供新一轮的转型力量。随着 5G 和人工智能技术的发展，VR 虚拟现实技术迎来发展的风口，VR 技术在教育领域的应用同样迎来巨大的市场红利。

技术的发展和市场的需求是 VR 教育发展的翅膀，而政府的支持则为 VR 教育保驾护航。政府的政策倾向、资金支持和监管治理，将对营造更好的 VR 教育发展环境提供帮助。目前在我国，以教育部为代表的政府部门对 VR 教育发展给予了基本的引导和鼓励。

国家虚拟仿真实验教学课程共享平台（http://www.ilab-x.com）是全球首个虚拟仿真实验教学项目集中展示平台。在这个平台上，“网上做实验”和“虚拟地做真实验”成为现实，为增强学生实践能力、提高人才培养水平提供了新的优质教育资源。

我国教育部于 2017 年认定了首批国家虚拟仿真实验教学项目，共 105 个，随后于 2018 年公布了第二批认定项目，共 296 个，数量约为 2017

年的 3 倍。2020 年 11 月，教育部又发布了 2019—2020 年认定的新一批虚拟仿真实验教学一流课程，共 327 个。截至第三次名单公布，教育部共认定国家虚拟仿真实验教学项目 728 个。以下分析基于 728 个虚拟仿真实验教学项目的相关信息，此外，我们从 728 个项目中筛选出 200 个以 VR 技术作为主导技术的项目进行进一步分析。

第三节　研究结果

一、教育部认定的虚拟仿真实验室项目的专业分布与发展趋势

（一）专业分布

如图 4-1 所示，从专业大类来看，理科类学科在虚拟仿真实验室建设方面的成果要远多于文科类学科，这种情况与学科性质相关。在理科类学科之中，工学类学科为建设成果最多的类目，其次是医学类学科。针对这种情况出现的原因我们可以推断，工学类和医学类学科讲究实际的操作运用，但是在学校往往条件有限，在环境和道具方面无法达到实操的要

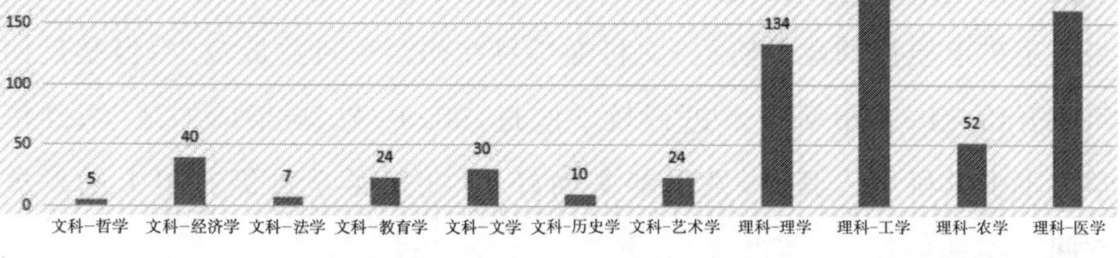

图 4-1　教育部认定的全部虚拟仿真实验室项目专业大类总数图

求，而虚拟仿真技术则很好地弥补了这一不足，在该类学科中受到欢迎并得到广泛运用，从而迅猛发展。

具体来看，理科类学科中，机械类、临床医学与基础医学类、生物科学类和化学类专业开发的项目数量较多，文科类学科中经济管理类、文学类、艺术学类专业则成为虚拟仿真项目建设的后起之秀（见图 4-2）。

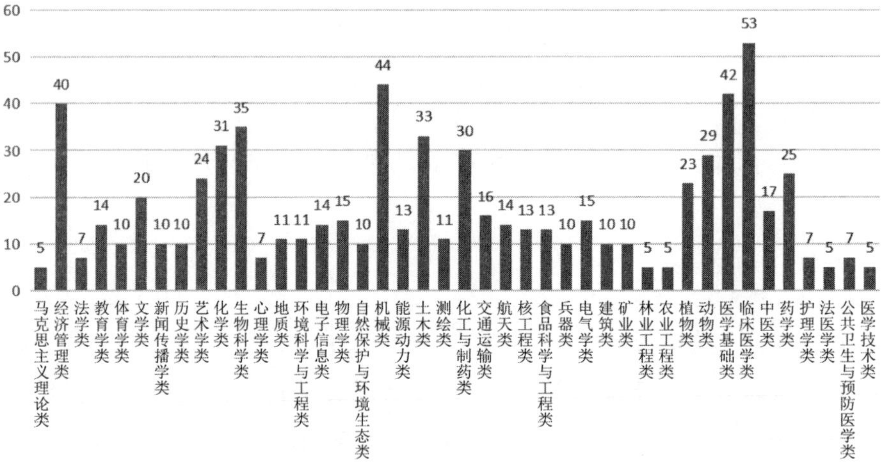

图 4-2　教育部认定的全部虚拟仿真实验室项目所属专业总数图

（二）发展趋势

根据图 4-3 可知，从各专业大类在建设虚拟仿真实验室项目方面的趋势来看，理科类学科率先崛起，四年里一直有优秀的项目出现，但相对来说近两年的项目数量与 2018 年相比有所下降，整体由刚开始的爆发期步入更讲求质量的建设阶段；文科类学科在初期项目数量较少，但是近两年也开始尝试运用新技术进行教学改进，2019—2020 年诸如法学、经济学等不少学科加入其中，发展势头向好，且文科类学科仍有很大的发展空间。

根据图 4-4 具体来看，理科类学科中的生物科学类、机械类、临床医学类专业发展较早，但是在近两年出现新项目缺失的状况，可能这些领域内的虚拟仿真实验室建设逐步达到了接近饱和的状态或正处于质量提升期；而化学类、土木类、动植物学类和基础医学类专业则呈现出数量持续增长的态势，说明这些领域仍有较多待探索的建设空间。

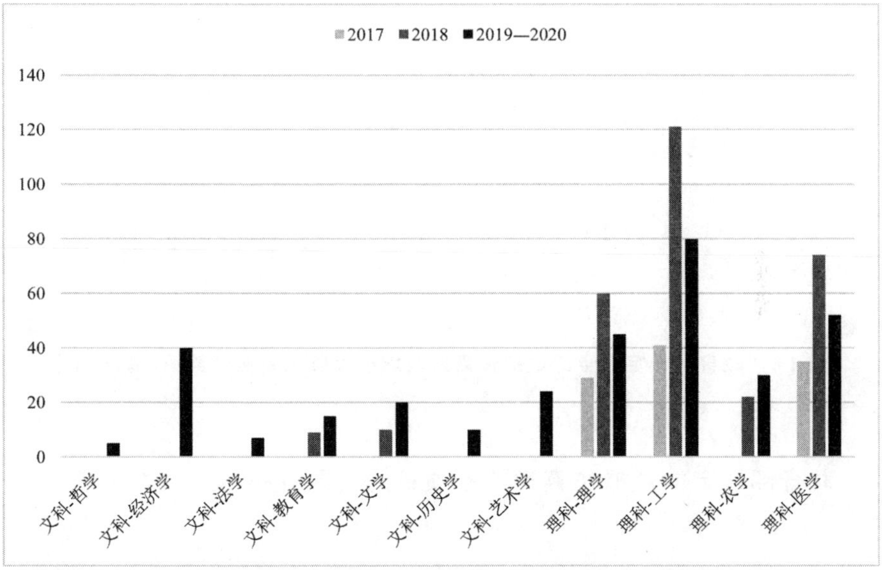

图 4-3　教育部认定的全部虚拟仿真实验室项目专业大类趋势图(单位:个)

文科类学科中，教育类和新闻传播类专业发展较早，在 2018 年时弥补了文科类学科在虚拟仿真项目建设领域的空白；在 2019—2020 年，文科类学科中的其他专业也纷纷开始进行虚拟仿真项目建设，其中经济管理类、艺术类和文学类呈现迅猛增长的态势，被认定项目数量均达到 20 个以上，尤其是经管类项目，有 40 个之多。

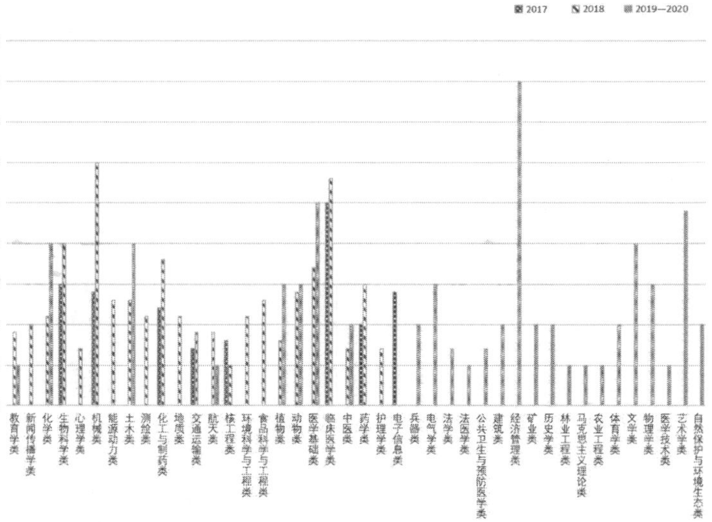

图 4-4　教育部认定的全部虚拟仿真实验室项目所属专业趋势图(单位:个)

二、教育部认定的虚拟仿真实验室项目的地区分布与区域发展趋势

(一)地区分布

从地区来看,东部发达地区被认定的虚拟仿真实验室项目数量远远多于西部地区。这与我国当前经济发展现状吻合,总体而言,经济较发达的地区更加容易进行教育现代化和智能化建设。

其中,东部地区中以华东地区数量最多,达到 274 项,占据总认定数的近 38%,遥遥领先于其他任何一个区域;其次为华北和华中地区,均超过了 100 个项目;其余各区域平均被认定项目数量分布在 54—67 的区间内,彼此差距不大,但和项目数量前三位的区域相比存在成倍数的差距。由此可以看出,当前被认定的虚拟仿真实验室项目在地区分布上仍存在较大差异(见图 4-5)。

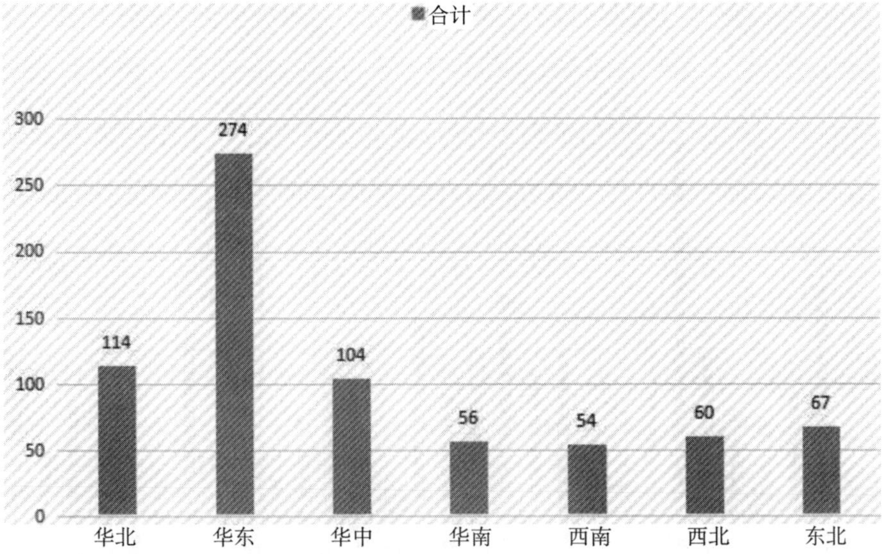

图 4-5　各区域教育部认定的全部虚拟仿真实验室项目总数图

由图 4-6 可以进一步看出，在被认定项目最多的华东地区，江苏省建设的项目数量遥遥领先，拥有近 100 个被认定项目，占整个华东地区认定项目数量的三分之一，在与全国各省份的对比中也是遥遥领先，独树一帜；北京、广东、湖北、山东、陕西、上海、浙江等省市的认定项目数量处于第二梯队，个数均在 40 个及以上；黑龙江、辽宁、天津、河南、湖南、四川、福建处于第三梯队，被认定项目数处于 20—40 个之间；剩余省份被认定项目数相对较少，处于 1—20 个之间，以西部、西南部、西北部地区省份居多，如新疆、西藏、云南、贵州、甘肃、宁夏等。

这样的状况与我国各地区经济、教育发展状况紧密相关，第一、二梯队所处的地区总体经济实力较强、教育资源丰富，如北京作为首都，优先享有许多教育资源；江苏、广东、湖北作为全国拥有高校数量较多的省份，加上发达的经济对教育的正面带动作用，在教育与新型虚拟技术的结合方面也处于领先地位。

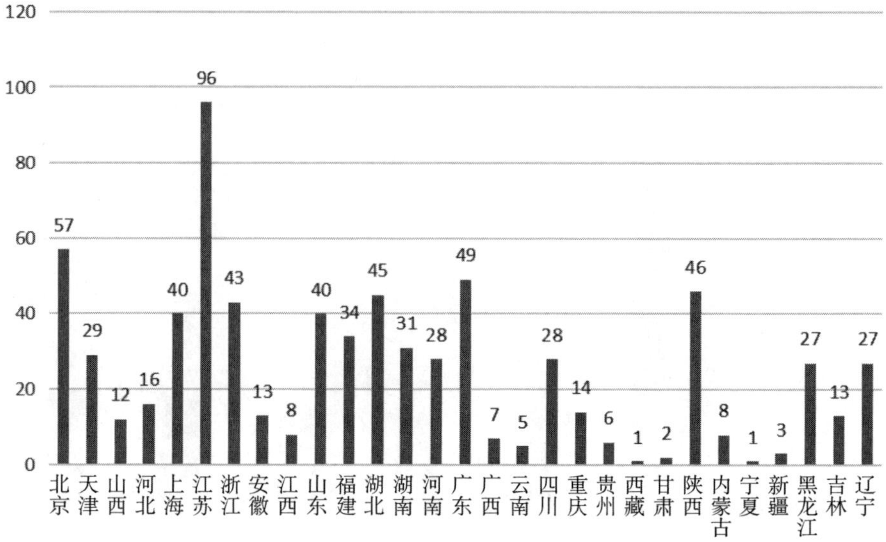

图 4-6　各省市教育部认定的全部虚拟仿真实验室项目总数图

(二)区域发展趋势

如图 4-7 所示,从区域发展趋势上看,在 2017—2020 年间,项目建设数量居于前三的华东、华北和华中地区普遍呈现不断增长的趋势,说明其在虚拟仿真实验室建设方面不但"起跑"早,而且有充分的条件支持其保持"领跑"地位,能够实现稳步发展;华南、西北、东北等地区虽然近两年被认定的项目数较 2018 年有所下降,但下降幅度小并不能说明其虚拟仿真实验室项目发展式微,这只是其在该新兴领域不断探索、螺旋式发展的正常表现。总的来说,各区域发展势头总体向好。

具体到各省市可以发现,项目数量基本呈增长趋势(见图 4-8)。在项目数量上占据优先地位的省市(如江苏、浙江、北京、陕西、山东、上海等),也都呈现增长趋势。其中,数量增长最快、势头最猛的省市有江苏、浙江和四川,这三个省份每年的平均项目增长量达到近 30%。

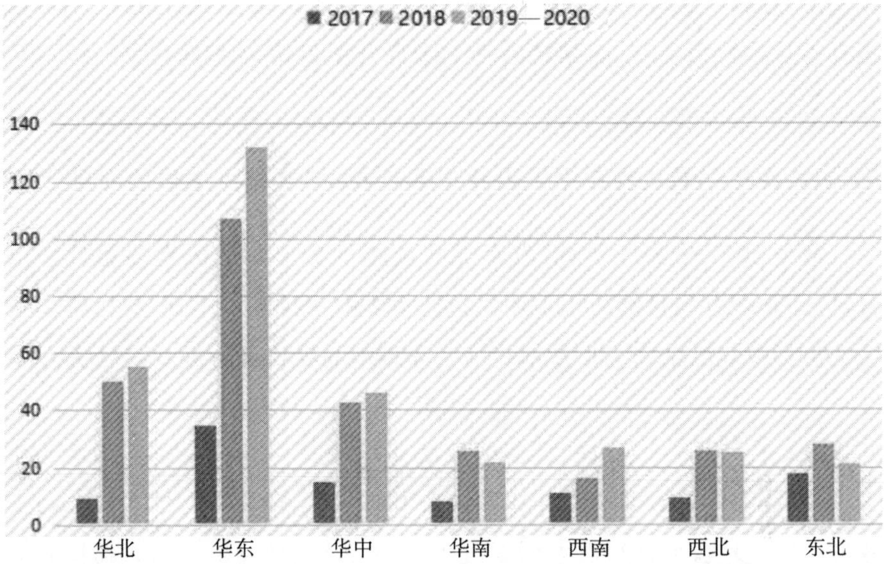

图 4-7　各区域教育部认定的全部虚拟仿真实验室项目发展趋势图

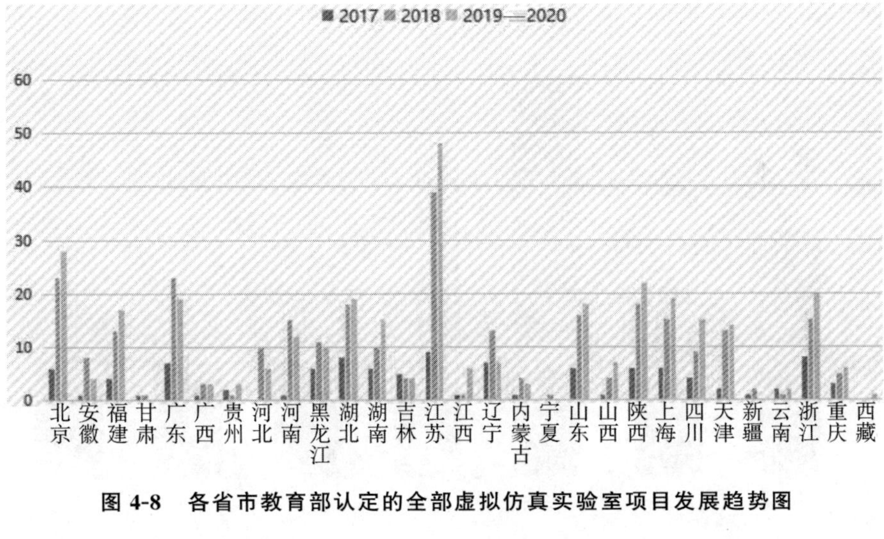

图 4-8　各省市教育部认定的全部虚拟仿真实验室项目发展趋势图

同时，从图 4-8 中所呈现的三个阶段的增长可以看出，2017 年各省市项目增长数量明显大于 2018 年和 2019/2020 年。由此可以推断，经过项目认定初期(一年)的爆发式增长后,近两年的项目增速有所放缓,不再以提升项目数量为主攻,而是转为进一步提升项目精致度、优化项目质量,转量为质。

三、国家虚拟仿真实验教学课程共享平台上的 VR 技术主导的项目分析

截至 2021 年 1 月 1 日,教育部共认定 728 个虚拟仿真实验教学项目,但并非所有项目都采用 VR 作为技术架构。在这一部分,我们将单独筛选出其中 200 个以 VR 技术作为主导技术的项目进行进一步分析。

(一)地区分布

据统计,在 200 个以 VR 技术作为主导技术的项目中,华东地区和华北地区的高校认定项目居于领先地位(见图 4-9),这与虚拟仿真项目的整体地区分布现状基本吻合。

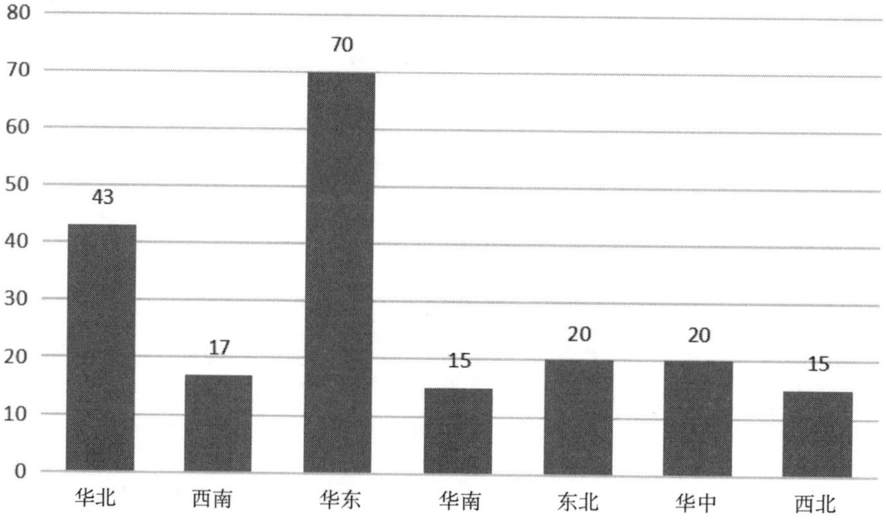

图 4-9　各区域国家虚拟仿真实验教学课程共享平台上的 VR 技术主导项目总数图

(二)学科分布

200 个项目涉及 39 种专业类别,其中化学类的虚拟仿真实验教学课程数量最多(见图 4-10),虚拟仿真实验教学课程数量较多的专业中,多是对实践操作要求高、注重学生动手能力的专业,如物理类、航空技术类、机械类等,从中可以看出,VR 技术等虚拟仿真技术在教学中的使用有偏重,偏理工科类的专业可采用虚拟仿真技术进行远程实验教学和练习。2020 年新冠肺炎疫情期间,高校学生无法返校进行现场实验学习,但学生通过在远程的虚拟仿真实验平台进行学习,实现了“实验不叫停,求知不掉线”。

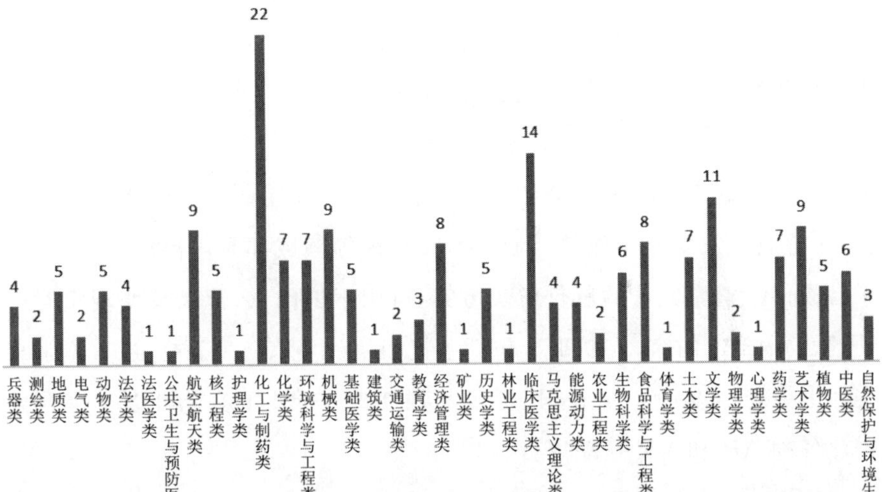

图 4-10　各专业大类中国家虚拟仿真实验教学课程共享平台上的 VR 技术主导项目总数图

除了偏理工科的实验项目,马克思主义理论学的 VR 教学项目数量也较多,VR 技术辅助历史和思政课程的虚拟教学,可以让学生身临其境地体验历史情境,这是文史思政教学与 VR 技术结合的一大亮点。这种技术的结合一旦成熟并在更多高校乃至中小学进行推广，将有助于增强文史课的亲和力、感染力和同化力，对于培养学生正确的历史观、国家观和价值观都有积极作用。疫情期间 VR 技术等虚拟仿真技术对高校的“云教学”起到了重要作用，在后疫情时代将会得到更加广泛的重视和使用。

（三）技术架构与开发工具

在该平台中，支撑项目运行的次级平台和架构主要有五个层次，自下而上分别是数据层、支撑层、通用服务层、仿真层和应用层。每一层都为其上层提供服务，直到完成具体的虚拟实验教学环境的构建。

据统计，在 200 个 VR 技术项目中，以 VR 技术为单一开发技术的项目仅有 11 个，其余项目中 VR 技术与其他技术共同对项目起技术支撑作用，3D 仿真技术出现的频率最高，达 173 次。

在 200 个项目中，出现频率最高的开发工具为 Unity 3D，共有 173 个项目使用。据 Unity 官网介绍，Unity 是实时 3D 互动内容创作和运营平台，在游戏开发、美术、建筑、汽车设计、影视等领域都有广泛应用。Unity 平台提供一整套完善的软件解决方案，可用于创作、运营以及变现实时互动的 2D 和 3D 内容，支持平台包括手机、平板电脑、PC、游戏主机、增强现实和虚拟现实设备。Unity 还提供易用实时平台，开发者可以在平台上构建各种 AR 和 VR 互动项目。

Unity 也认识到了教育领域可开发的市场空间，始终关注着教育行业的发展，将行业先进技术与高校课程建设相结合，展开各种形式的校企合作，如 Unity 全球授权教育合作伙伴（Unity Authorized Training Partner）、课程体系共建、校园大使计划、高校人才联盟计划等。同时，Unity 还开办了 Unity 大学，这是 Unity 官方唯一的企业级培训机构，面向所有希望加入 Unity 技术相关行业的人群和企业，引领未来新型人才培养，促进行业的良性发展。在国家虚拟仿真实验教学课程共享平台上，Unity

3D作为技术开发工具而被广泛使用，是推动VR和3D虚拟实验室建造的一大利器。

梳理200个VR技术项目可发现，VRP对VR虚拟实验教学亦有支持作用。VRP（Virtual Reality Platform，简称VR-Platform或VRP）即虚拟现实平台，是一款由中视典数字科技有限公司独立开发的具有完全自主知识产权的直接面向三维美工的虚拟现实软件。其产品目标是低成本，高性能，让VR从高端走向低端。

四、国家虚拟仿真实验教学课程共享平台的应用与监管

对于国家虚拟仿真实验教学课程共享平台，教育部要求，相关高校要确保项目被认定后1年内面向高校和社会免费开放并提供教学服务，1年至3年内免费开放服务内容不少于50%，3年后免费开放服务内容不少于30%。教育部依托国家虚拟仿真实验教学项目共享平台，对国家虚拟仿真实验教学项目的对外联通和服务情况进行持续监管，对在每半年的联通测试中出现10次以上不能联通或免费开放服务内容未达标的实验教学项目，经相关高校整改仍无改进的，取消国家虚拟仿真实验教学项目资格。

第四节　总结

本研究关注VR技术在教育领域的应用，主要通过对国家虚拟仿真实验教学课程共享平台的项目与教育部认定国家虚拟仿真实验教学项目进行包括地域分布、学科归属、技术架构等方面的编码，并根据编码结果进行可视化统计，据此窥探VR教育的发展现状。研究主要发现：当前虚拟仿真实验教学更多运用于理工类学科和医学类学科，但近年来文科类学科的相关项目建设也突飞猛进；华东地区和经济发展较好、教育资源较丰富的省市项目建设起步早，发展势头好，西部地区稍显逊色，但仍积极

探索这一新兴领域;虚拟仿真实验室项目大多基于多种技术架构,少有单一使用 VR 技术的项目,但 VR 技术仍然是此类项目中不可或缺的支撑;在开发工具方面,Unity 3D 的使用频率最高,是主流开发引擎。

同时,本研究分析相关文件和通知后发现,以教育部为代表的政府机构对 VR 教育的重视将有助于探讨智能教育的更多可能性,教育部通过认定虚拟仿真实验室项目、制定项目监管要求,鼓励高校对 VR 教育的源头创新,同时做好制度保障,在后疫情时代,这将为“云教学”提供丰富经验与发展空间。虚拟仿真技术的沉浸性、虚拟性和互动性等优势能满足更注重实践操作的学科的线上和远程教学与学习需求。

教育部高等教育司司长吴岩指出,虚拟仿真(项目)解决了世界性的实验教学、实践教学、实训教学的难题,也解决了中国大学生动手能力不足的短板问题。如果我们把这样的虚拟仿真项目持续地推进,将对中国的高等教育质量提高、推进教育公平有较大作用。这一项目在卓越拔尖人才的培养方面将是一个非常重要有效的手段和创新。①

当前虚拟仿真技术在教育领域的应用呈现稳步发展趋势,涉及的学科正在不断增多,各地区对此类项目建设也越来越重视。今后各级教育部门应给予该领域更多支持与引导,培养相关人才,实现好创意的落地,为教育增添新动能;同时,应加强宏观调控,减轻地区间发展不平衡状态,扩大资源共享范围;对于不断成熟的建设项目,要适当提高标准,打造更高质量的虚拟仿真教育项目。

---

① 环球网.教育部公布首批国家虚拟仿真实验教学项目[EB/OL].(2018-07-13)[2020-03-10].https://baijiahao.baidu.com/s? id=1605876426058258492&wfr=spider&for=pc.

第二部分

2020年中国VR/AR产品用户体验报告

虚拟现实产业快速发展，市场规模持续扩大，在内容服务、创新支撑、应用生态等方面均有较大的提升空间。加快虚拟现实产业发展，推动虚拟现实应用创新，形成技术、产品、服务、应用协同推进的发展格局，面向信息消费升级需求需要更加重视技术与用户的关系。

“用户体验”(User Experience，简称 UE/UX) 是近些年虚拟现实应用设计的热点。广义上，用户体验指用户在使用产品过程中的主观感受。用户体验研究通过模拟用户使用场景，收集、整理并分析用户的相关行为和情感，最终提出优化策略，提高用户满意度。优质的用户体验能够让用户享受虚拟现实技术，还能提升产品核心竞争力，提高商业价值。

本部分选取虚拟现实技术在教育、文化、健康等重点领域的相关应用，针对近年来市场表现突出的教育培训、视频影视、游戏娱乐及家居设计等产品实例进行较为深入的用户体验研究并形成报告，以期为虚拟现实技术的应用和服务能力提升提供参考。

第五章
VR 医学教育软件用户体验报告

当前，以大数据、云计算和虚拟现实技术为代表的信息技术在教育领域已经得到了广泛的探索与应用，其中虚拟现实技术提供的具有沉浸性和交互性的学习体验为教育领域的发展带来了新的机遇。与传统课堂教学方式相比，VR 技术能够为医学解剖等成本较高的操作和电气维修等高危险性操作提供逼真的学习环境，帮助减少实操的成本和危险。本研究基于建构主义学习理论、自主学习理论，以 VR 医学解剖学习软件 3D Organon Anatomy 为实验材料，通过对 9 名已经在传统课堂学习过人体解剖课程的学生进行半结构式深度访谈，将访谈内容进行三级编码，最终提炼出产品技术、知识内容、学习者能动性这三个关于 VR 医学教育的概念，探索影响 VR 技术在医学教育中的使用的因素以及当前 VR 技术在医学教育运用中的缺陷。

第一节 背景介绍

一、VR 教育

VR 教育是虚拟现实技术在教育领域中的应用，是一种新型的教育模式。在这种教育模式下，学生可以获得超越图片和视频的学习体验。通过立体成像技术，学生可以体验更形象生动的课堂。

当抽象的知识被立体呈现时，学生就能通过更生动真实的画面高效学习，甚至可以有玩游戏、看电影的感受。例如，在历史课堂中使用 VR 技术，能够让学生们仿佛置身于真实的历史场景，大大提升课堂的趣味性和互动性，从而帮助学生提高学习的主动性。在传统教育中，学生从老师的讲解中被动地学习知识，这使得学习枯燥乏味。学生如果不够积极主动，就往往得不到很好的学习效果，例如很难想象意境或构建图形空间等。而 VR 教育使用户拥有高度的沉浸感，"真实"的模拟场景使用户得以身临其境地深度融入学习环境当中。除此之外，VR 场景还可以避免在传统教室上课时可能出现的外部干扰，使学生更加专心地听讲。

研究数据显示，单纯的媒体教学课堂的教学效率约为 10%；复合媒体教学形式的教学效率约为 30%；高沉浸度的体验式教学的效率可达 70%。可见 VR 教育这种新型的教学手段能够有效提高课堂教学质量。①

二、VR 教育发展现状

近年来，VR 教育的发展非常迅速。越来越多的学校引入了 VR 教室和 VR 实验室，政府方面也出台了许多相关政策。例如，教育部增加了虚拟现实技术本科专业，并于 2019 年底发布《关于加强和改进中小学实验教学的意见》，在"创新实验教学方式"这一点中提到"促进传统实验教学与现代新兴科技有机融合，切实增强实验教学的趣味性和吸引力，提高实验教学质量和效果"。近年来，人才培养、校企落地应用等多方面推动着 VR 教育的发展，其市场接受度、教师接受度都有所提升，但是距离广泛普及还有很长的路要走。

根据中研普华产业研究院整理的数据，近几年中国 VR 行业市场规

① VR 陀螺. 2020 上半年 AR/VR 行业投融资报告[EB/OL].(2020-07-07)[2020-10-11].https://baijiahao.baidu.com/s? id=1671520861389278765&wfr=spider&for=pc.

模在稳步提升，行业发展迅速，拥有广阔的市场前景和发展空间。①

近年来互联网公司纷纷在 VR 教育领域加大投入。例如，在 2020 年新冠肺炎疫情期间，为了让大众更了解新冠肺炎病毒是什么，天翼云 VR 频道制作了名为《防疫在我心》的动画，模拟家庭环境让小孩子了解如何进行有效防疫，寓教于乐地让儿童加强对新冠肺炎病毒的认知与防范。另外，天翼云 VR 频道还制作了超过 1500 个 VR 教育课程，涵盖的领域有 K12、高等教育、职业教育、素质教育、通识教育、心理健康等。在国际方面，谷歌对于推广 VR 也非常积极，于 2015 年启动了“Expeditions Pioneer”项目，向学校提供 VR 教育产品，致力于将虚拟现实技术带入课堂教学。除此之外，国内外许多高校还通过 VR 技术宣传校园文化，从而提升院校知名度。从全球范围来看，VR 教育应用的数量增长很快；在 VR/AR 应用领域的投融资分布中，教育培训领域处于重要地位。这体现了 VR 教育应用市场的潜力。

尽管 VR 教育拥有众多传统课堂无法具备的优势，但当前关于 VR 教育的讨论仍然停留于技术本身，针对学生使用 VR 设备自学的体验感的研究较少。因此，本研究以 VR 医学教育应用为例，聚焦学生的使用感受，为 VR 医学教育的发展完善提供参考。

第二节　研究方法

基于现有资料可知，使用 VR 设备学习时沉浸度高，有利于提升学生的专注度。那么学生使用 VR 设备进行自学与在传统课堂学习相比，收获知识的差异性体现在何处？与传统课堂相比，学生能否在更便捷高效的前提条件下自主学习专业知识？学生使用 VR 设备学习是否能够相对

① 中研普华产业研究院. 2020-2025 中国 VR 行业市场前瞻分析与未来投资战略报告[EB/OL].(2020-05)[2020-10-11]. https://www.chinairn.com/report/20200519/100837379.html.

完整地建构知识体系,能否满足自身的知识需求?这些研究可以为 VR 在未来的推广提供参考。

此研究采取了定性研究而非定量研究的做法,通过访谈法来收集定性数据,这样既可以了解用户的目前需求,也能深入探讨 VR 沉浸式专业教育和传统的课堂教学的不同之处。研究方法概览见图 5-1。

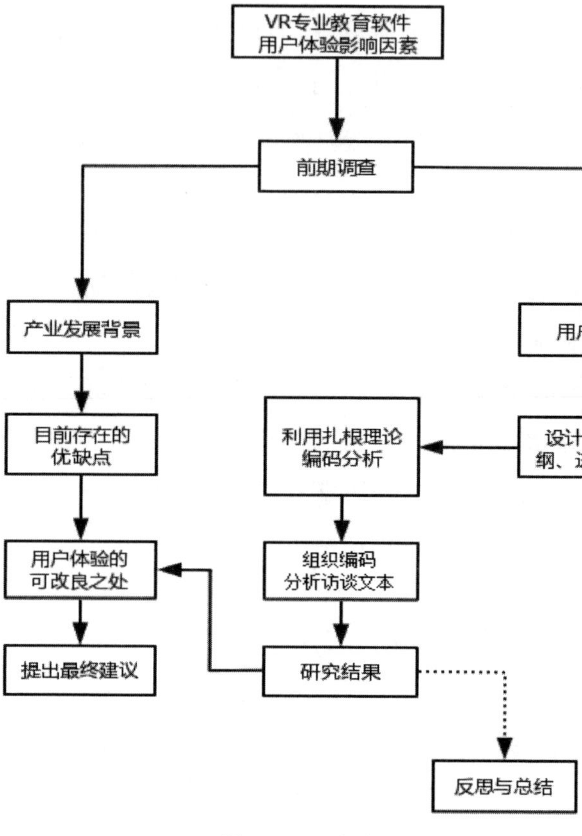

图 5-1　研究方法概览

一、研究素材

本研究聚焦教育领域的 VR 专业应用。考虑到人体解剖课程是北师大心理学部、教育学部必修课程,有充足的被试,因此研究团队商议后选择了一款关于人体骨骼、器官、血管经脉等多方面基础认知的VR沉浸式软件3D Organon Anatomy作为主要的实验材料。这款VR软件主要用于让感兴趣者在课余、休闲时间了解人体，亦被小部分院校应用于教学。VR软件在专业教育中的应用，有助于了解VR教学的现实意义和使用局限。

二、概念定义

(一)用户体验

用户即产品的目标人群，而用户体验则是指用户在使用产品、服务、系统时的主观感受[①]。杰西·詹姆斯·加勒特(Jesse James Garrett)提出的用户体验五要素是当下使用最多的理论，他将用户体验要素分为战略层、范围层、结构层、框架层和表现层。[②] 产品的受欢迎程度与用户的使用感受息息相关，所以产品的设计要以用户为中心。用户体验设计要求设计者站在用户的角度考虑产品的使用感受，进行实际性的产品研究，从而设计出更能满足用户使用要求的产品。

(二)理论基础

1.建构主义学习理论

建构主义学习理论(Constructivism)兴起于20世纪末，强调学习是主体的主观意义建构过程，不仅要求学生由知识的被动接受者变为信息加工、意义建构的主体，还要求教师由知识的传授者、灌输者变为帮助学生建构意义的促进者和引导者。[③] 建构主义指导下的教学策略，如探究式学习、情境化学习都有与虚拟学习环境相一致的特点，所以建构主义学

① 陈彩梅，陈辉.浅谈用户体验下的传统文化APP界面设计[J]. 西部皮革，2021,43(3):67-68.

② 加勒特. 用户体验要素[M].范晓燕，译.北京：机械工业出版社，2011.

③ 张宇. 基于虚拟现实技术的研究性学习的设计与开发[D].武汉：华中师范大学，2009.

习理论适用于 VR 环境下的教与学。

2.自主学习理论

自主学习理论(Autonomous Learning)是自 20 世纪 50 年代以来被国内外许多教育学者、学习理论研究者所积极提倡的,不同学者对其定义不同,其中最具代表性的是美国纽约大学教育心理学教授齐默尔曼(B.J. Zimmerman)的定义。他认为,自主学习的动机应该是内在的或自我激发的,学习的方法应该是有计划的或已经熟练达到自动化程度的,自主学习对学习时间的安排是定时而有效的,学习者能够意识到学习的结果,并对学习的物质和社会环境保持高度的敏感和随机应变能力。[①] 虚拟现实技术为自主学习提供了必要的学习资源,学生可以选择适合自己的学习环境,能够根据自身学习进度选择学习内容和反复次数,因此说自主学习理论适用于 VR 教学。

3.研究方法

扎根理论方法(Grounded Theory Approach)作为一种基于数据来发现研究线索的质性研究,无疑是一种典型的具有理论探索功能的研究方法。选择使用扎根理论进行数据的总结归纳与进一步发散,是能够获得用户真实体验感,并将其应用到后续改良、反思过程的最佳途径之一。

三、研究问题

VR 硬件设备带来的体验感直接影响着用户的整体体验,硬件设备的舒适度、应用软件的沉浸感是影响 VR 设备用户体验的两大关键因素。使用 VR 设备进行自主学习的沉浸感和舒适度如何是设置访谈问题前需要首先提出的研究问题。

建构主义学习理论和自主学习理论强调,在学习者获得知识的过程

① 齐默尔曼,邦纳,科瓦齐. 自我调节学习:实现自我效能的超越[M].姚梅林,徐守森,译.北京:中国轻工业出版社,2001.

中，教师起指导作用，学生自主探索、建构知识的过程更为重要，因此学生在学习过程中需要获得信息反馈，从而做到知识的建构。VR 软件的信息设置、交互性等直接影响着学生的学习效果，而不同的学生具体情况不同，基于此，研究团队最终确定的研究问题是使用 VR 设备进行解剖课程的学习与传统课堂学习有何差异。

四、研究流程

在实际安排调查一周前，研究团队对征集的调查对象的基础信息进行筛选。团队成员在微信上与受访者联系，确认时间与实验场地。

人体解剖课程是北师大心理学部、教育学部、生命科学学院本科生必修的专业，考虑到该类群体对人体解剖课程有一定程度的了解，能够提出更符合产品情况的建议，因此团队选择了这些专业的被试，为每位被试安排了 30 分钟至 40 分钟的体验时间。原计划有 12 位被试，但访谈至第 9 人时访谈资料饱和，体验终止。被试中有 4 名来自心理学部、3 名来自生命科学学院、2 名来自教育学部，年级覆盖了 2017—2020 级，其中超过 77.8％的人已经对 VR 设备有过基本的接触，只有 2 人在此之前完全没有使用过 VR 设备（被试基本信息见表 5-1）。

表 5-1　被试基本信息

姓名	学习阶段	专业	是否接触过 VR
被访者 1	本科	心理	否
被访者 2	本科	心理	是
被访者 3	本科	生命科学	是
被访者 4	本科	生命科学	是
被访者 5	本科	教育	是
被访者 6	本科	心理	是
被访者 7	本科	心理	否
被访者 8	本科	生命科学	是
被访者 9	本科	教育	是

团队采用 HTC Vive 头盔及配套手柄，被试佩戴好设备后，团队为被试进行简单的功能讲解，引导其积极使用手柄达成互动，了解该应用的使用方式。当他们已经体验了自己能够探索到的所有功能后，团队在征求其意见后会选择结束或延长体验时间。同时，尽管团队并未专门引导被试阐述与该应用界面设计相关的内容，但不少被试在使用过程中或是之后提出了部分问题。当然，我们最终关注的仍然是使用时的用户体验。

在实际的访谈过程中，采访每位受访者前，团队都征求了其意见，被获准通过音频记录访谈内容。团队同时使用了笔记本电脑和手机的录音功能，以免手动记录出现问题时缺失访谈内容。

完成全部采访后，相关的数据都被转录并划分到了各自的类属中。接下来团队将在数据中找出它们的共同点和起伏趋势，并借由 Nvivo 分析这些趋势背后潜在的影响因素。相关内容将在接下来的研究结果和改进意见部分分别阐述。

第三节　数据分析

基于扎根理论的研究方法，我们对 9 位被访者的录音稿进行文字转稿，按照 1 到 9 的顺序整理并标记序号。在此过程中采用 Nvivo 12 pro 软件对原始访谈稿进行逐句编码并命名，命名时尽量采用访谈者原来的用语，以呈现资料的原始含义，避免带入编码者的主观想法。在这个阶段，对编码进行初步的概念化。完成原始文件的编码后，对概念化的内容进行资料分析、整理，最后归类整合，下表以 8 号访谈者为例进行编码展示。

表 5-2　初级编码表——以 8 号访谈者为例

原始资料	逐句编码	概念化
我觉得它比较节约时间，可以在很短的时间内就看到很多东西。	1.节约时间，短时间内能看很多东西	1.节省时间
另外用 VR 本身更方便一些，要是那种模型的话得自己拼材料，忘记了就会很麻烦，得自己归回到原位。第二个可能更精确一点，和模型比较的话。	1.实体模型需要自己归回原位 2.VR 比传统模型更精准	1.自动归位 2.模型精准
可能就没有真实的解剖那种感觉，差很远，但是认清结构也是很有帮助的。	1.离真实解剖感差很远 2.能够认清(人体)结构	1.真实感弱 2.模型有助于学习
我之前用过 3D 手机软件，它也是一样可以把骨头拆出来。我感觉 VR 的话更加可视化了。	1.它也是一样可以把骨头拆出来 2.VR 更加可视化	1.可拆卸 2.立体感强
我觉得没有太多的细节，它是一种简化了的。如果真的是那种实体的话，每个都有不同，解剖的时候还会有一些触感之类的。	1.没有太多细节 2.没有真实解剖的触感	1.缺乏细节 2.没有触感
戴上眼镜好像就看不到其他的东西了，用 VR 设备，我觉得可以的，但是要看在学什么，比如说如果是那种需要随时看到自己的进度或者反应，自己什么动作之类的，就不太行，学习跳舞什么的。你用 VR 的话，你就看不到自己了，你本身看的都是画面，反馈是没有的。	1.戴上眼镜好像就看不到其他的东西了 2.(VR)如果需要随时看到自己的进度或反应之类的就不太行 3.看到的都是画面，反馈是没有的	1.有遮蔽性 2.学习进度不可视化 3.缺少成果反馈

一、开放性编码

按照上述编码原则和程序，研究团队与体验者深入探讨并参考大量文献，通过对原始资料、概念、范畴之间的比较，最后在开放性编码过程中得到了 53 个概念，涉及 17 个范畴，涵盖了全部 9 个样本的内容(见表 5-3)。

表 5-3　范畴编码表

范畴	概念
A1 设备成本	设备价格高;设备拥有率低;性价比低;非必需品
A2 操作交互性	部件自动归位;可拆卸组合
A3 便利性	携带不够便利;使用便捷;节省时间
A4 空间移动性	虚拟空间感好;空间位置不便利;虚拟与现实环境结合困难
A5 生理体验感	头晕
A6 触感拟真性	没有触感;解剖过程感;触摸感低
A7 视觉拟真性	真实感弱;缺乏细节;视觉逼真
A8 模型完整性	模型精准;模型结构清晰;立体感强;模型具体化
A9 内容扩展性	内容单薄;内容单一;划分不够精细
A10 内容丰富度	可视性立体;可视化真实;结构完整;骨骼动作清晰;方便转动;动作演示清晰
A11 内容对应	部位名称对应;经验性内容强;形式性强;体验经典研究情景
A12 内容解读	教学目的不明确;缺乏内容解读
A13 学习环境	课堂环境;虚拟模型内容少
A14 学习兴趣	技术新鲜感;节约时间;趣味性高
A15 学习主动性	学习进度不可视化;缺少成果反馈;不可替代实体操作
A16 提示反馈	学习自主性强;自主性弱
A17 专注度	有遮蔽性;可视视野变窄;限制注意视线;环境沉静单一

二、主轴编码

主轴编码是从开放性编码中分散的资料中提取出各项范畴,并探索和建立范畴之间的关系的过程。在这一过程中可以运用编码范式——因果条件—现象—脉络—中介条件—行动/互动策略—结果将次范畴联结到主范畴中,但并不一定完全按照该范式进行编码,关键在于建立起范畴间的关系,例如相似关系、对等关系、类型关系、过程关系、因果关系等。

在开放性编码中，由于它们之间的关联还比较模糊，所以对得到的 53 个概念和 17 个范畴进行较深入的分析存在一定不可操作性。而在主轴编码过程中，可选择对所得范畴进行细致的分析，找到范畴中隐含的关系，将被打散的资料重新整合起来。主轴编码分析结果如下表所示。

表 5-4 主轴编码表

范畴	次范畴	主范畴
A1 设备成本	B1 设备成本	C1 产品技术
A2 操作交互性	B2 操作交互感	
A3 便利性		
A4 空间移动性		
A5 眩晕感	B3 生理体验感	
A6 触感拟真性		
A7 视觉拟真性	B4 知识呈现效果	C2 知识内容
A8 模型完整性		
A9 内容扩展性	B5 知识覆盖范围	
A10 内容丰富度		
A11 内容对应	B6 知识构建效果	
A12 内容解读		
A13 学习环境	B7 外部环境	C3 学习能动性
A14 学习兴趣	B8 学习自主感	
A15 学习主动性		
A16 提示反馈	B9 学习反馈	
A17 专注度		

三、选择性编码

选择性编码是在主轴编码的基础上找出其中的核心范畴，并将全部范畴聚合在核心范畴中的过程。核心范畴必须能够统领其他范畴，且频繁出现在资料当中，能够代表研究中最重要的现象。根据本研究的目的，本文初步概括出的核心范畴是用户体验的影响因素。

首先分析资料的故事主线，在对原始资料和各级编码进行深入分析后，得到了比较明确的 VR 医学教育用户体验的逻辑脉络：用户在利用 VR 软件学习时受到 VR 硬件本身的影响，可以将其概括为产品技术层面的体验感受，而生理体验会影响到他们在学习过程中的体验；在产品内容方面，结合建构主义学习理论和自主学习理论，可以把次范畴的 3 个编码总结为学习内容层面，学习内容的建构会影响学习效果从而影响学生的学习体验；除了学习内容层面，学习的外部环境及学生的自主性和学习效果反馈也会与传统的课堂学习有所不同，从而影响学生的学习体验。

通过对原始资料、概念、范畴反复分析，得到本研究的核心范畴——用户体验的影响因素。围绕该范畴，各类主范畴和次范畴有机地结合在一起，形成了完整的概念体系。用户受到的 VR 硬件设备的影响，软件的知识建构和知识信息反馈方式，用户结合自身对于 VR 设备的环境体验，这些因素最终共同决定了学习者对 VR 学习的体验。

最终通过扎根理论进行不断比较，使 VR 专业教育软件的用户体验的影响因素的原型基本呈现出来，尤其是其中对于 VR 软件知识建构和 VR 设备带来的环境影响的几个维度，这样我们就获得了影响用户体验的最终因素。

第四节　研究结果

在理论和实证研究的基础上，本研究总结了 VR 技术有效促进学习的三大核心要素：产品技术、知识内容、学习者能动性（见图 5-2），这三大要素共同作用，影响了有关 VR 专业知识学习的体验。

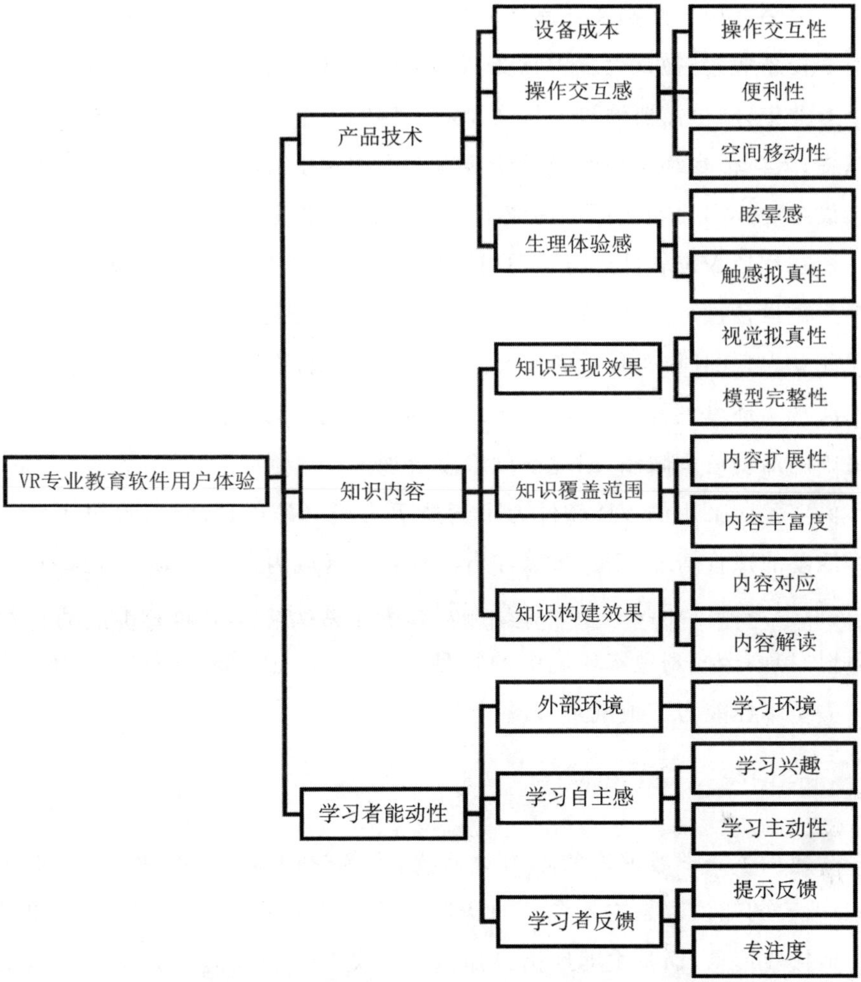

图5-2　VR专业教育用户体验影响因素编码图

一、产品技术

以往，关于VR硬件设备的用户体验报告众多，我们在整理这些VR产品用户体验报告的基础上，对访谈记录进行编码整理，将产品技术因素总结为设备成本与操作界面两个方面。

大多数用户在提及产品体验效果时，都表示出较好的情感态度，但是对于设备成本，被试大多都认为成本是影响推广的重要因素。在生物医学专业中，学生需要通过人体模型对人体的各个部位进行学习，在传统课堂中，人体标本和模型的数量受成本的影响较小，被试 4 号表示："如果这个设备的成本比制作标本的成本要低的话，就肯定有推广的意义。"

在利用 VR 软件进行学习时，最影响被试的是操作环境，很多被试反映头戴设备过重，导致头部在实验过程中承受较大的重量，因此分散了学习注意力。同时，头戴设备需要连线，这就导致活动范围被限制。因为看不清现实环境，所以他们既要防止踩到头戴设备的连线，又要注意虚拟环境中的活动范围限制，因此活动难度会加大。

实验所采用的 VR 软件为了营造更为逼真的虚拟环境，设置了一个可活动的课堂情境，用户可以在自己划定的区域内自由走动，以便进行学习，但很多被试却表示由于观察不到现实环境，所以自己的内心一直比较恐惧，担心会撞到现实环境中的物品。"一旦戴上眼镜，就对原本的空间失去了掌控能力。"被试 7 号说。

二、知识内容

建构主义学习理论的学习观认为，人的认识本质是主体的"构造过程，所有的知识都是主体自己的认识活动的结果。所以学生不是简单被动地接收信息，而是主动地构建知识的意义"①。意义建构是学习过程的最终目标——对当前学习内容所反映的事物的性质、规律以及该事物与其他事物之间的内在联系进行深刻的理解。大多数访谈者都认为，在学习过程中，VR 技术可以为他们提供传统课堂所无法展示的环节，例如骨骼运动的环节，因为传统的模型只能用来展示骨骼的部位，不能展现骨骼间的运动联系，通过 VR 设备学习后，他们对骨骼运动的知识掌握得更加清晰，也能够在头脑中建立起各个骨骼之间的关系。"动作那块儿能比较

① 陈威. 建构主义学习理论综述[J]. 学术交流，2007(3)：175-177.

清楚地看到到底是哪几个关节，还有骨骼在动，上课的时候不知道演示的那些动作叫什么名字，但这里就都有。”被试 8 号表示。

传统课堂中，每个人使用解剖模型的时间较短，并不能深入地了解骨骼相关知识。“因为课上人比较多，模型有限，所以在课上对这个模型的接触少，用 VR 软件的话，就可以随便自由使用。”被试 6 号表示。VR 设备提供的知识内容具有具象化的特点，并且用户在自主学习的过程中能够根据自己的进度以不同节奏进行知识点学习，因此使用 VR 设备更能够帮助学习者学习到专业知识。

三、学习者能动性

自主学习理论提出自主学习的动机应该是内在的或自我激发的：学生能够意识到学习的结果，并对学习的物质和社会环境保持高度的敏感和随机应变能力。VR 设备提供的沉浸感能够帮助学生感受氛围，由于观察不到外界的环境，因此他们在学习的过程中只能观察到 VR 设备为他们提供的画面，这在很大程度上能够帮助他们集中注意力，从而提高自主学习能动性。“因为没有太多的干扰因素，所以会有一个相对沉静的环境，相比去实验室实体感受，这个在专注度上会更高一些，因为它是相对单一的环境。”被试 6 号表示。

然而，在 VR 设备呈现的沉浸式虚拟环境中，学生无法看到自身的学习进度和效果，没有与课堂问题探讨相对应的成果反馈，因此学生不能较好地把控自己的学习进度。被试 8 号认为：“你看的都是画面，反馈是没有的。”未来应该对虚拟现实环境下适合的教学方法、学习对象、教学效果以及评估手段等进行深入研究，从而更好地指导实际应用，充分发挥这一技术的价值与优势。

第五节　产品改进建议

第一，在模型的区块划分方面，某些地方较为粗糙，不够具体。比如在知识点区块上，没有系统完善的知识体系划分；在有关疾病的介绍中，知识的排列没有一个有序可知的框架。对于具有专业背景的用户来说，其知识点只能被贴上“初级教程”或是“科普”的标签，而非其产品本身标榜的具有专业性的软件。

第二，产品的易用性不足。首先是操作手册不够详细，仅通过视频演示为用户提供操作说明，但操作手册涵盖的功能说明并不全面，比如说没有关于绘画工具的操作说明。在未告知被试该产品的详细功能的情况下，动作、环境、功能、旋转模型等功能会被忽略，用户只能学会使用符合现实操作情景的抽拉和移动。

第三，界面设计和排布亟待调整。比如辅助面板的位置不应该放在主面板的对面，目前的设计导致被试刚开始时没有发现辅助面板的存在，因为被试始终背对着它。

第四，在硬件设施上，需加强设备便携性。比如将有线改成无线，让用户的行动范围不受限制；在重量方面，大部分被试认为设备过重，长时间佩戴设备会带来不适。

在内容优化方面，可以增加知识点或是将课程内容录制下来，便于学生在家中自主学习，这样就可以提供完全虚拟化的教学，减少教师的无效工作时间，提高其工作的有效性，并且充分调动学生的学习积极性，变被动学习为主动学习，从而改善学习效果。最后，可以以游戏的形式替代知识的陈列和解释，让用户在玩游戏的过程中获得知识。

第六节　总结

本研究采用了建构主义学习理论和自主学习理论的教育理论观点，将其与用户体验相结合，从而观察学习者通过 VR 设备进行自学时的体验感，与传统课堂相比其知识需求能否被满足，使用 VR 设备学习是否能够建构知识体系等情况。

通过观察发现,VR技术所提供的具象化场景和模型拟真性能够为学习者提供更为逼真的学习场景,从而促进学习者记忆,VR设备所带来的沉浸环境也有助于学习者集中注意力,从而改善学习效果。但在学习过程中,学习情况反馈是一个很大的问题。学生使用VR设备进行自主学习时,由于没有学习目标和知识框架,因此在对知识进行构建时需要花费很大力气,这与传统课堂中的学习是不同的。因此,设计者可以为学习者标注出重点知识,并设置课后测试,方便学习者自我检测学习情况。

在未来,将会出现更加轻便的VR设备,以改善用户的体验,而在专业知识学习方面,还需要多将VR软件的内容与教育方面的理论进行结合,从而设计出适合专业知识学习的VR设备学习内容。

第六章

VR 绘画教育软件用户体验报告

——以 *Tilt Brush* 为例

顺应虚拟现实技术在社会与市场背景下的发展趋势，为弥补 VR 产品用户体验实证研究的空白，本研究从用户角度出发，以 VR 绘画类软件 *Tilt Brush* 为例，使用半结构式访谈法，了解用户的软件使用体验。研究招募到 7 名北京师范大学在校学生使用软件并接受访谈，了解 VR 绘画产品在美术教学与减压两方面的表现。结果显示，*Tilt Brush* 能够增强用户学习绘画的兴趣与信心，促使其产生积极情绪；此外，软件通过为个体提供沉浸感和空间存在感，提升用户注意力，减轻使用者的焦虑。此外，研究指出了一些可在未来进一步探讨的问题，例如如何帮助用户在使用软件时运用三维绘画思想进行创作，如何细化 VR 绘画对于使用者空间感知的具体影响等。

第一节　背景介绍

一、行业现实

随着 5G 网络、云计算、人工智能等技术的发展，VR 技术被广泛地应用到娱乐、教育、艺术、军事、航空、医学、机器人等行业。在我国，VR 产业快速发展，市场前景广阔。艾瑞咨询 2016 年的报告显示：2021 年，中国将成为全球最大的 VR 市场，行业市场规模将达到 790.2 亿元，内容市场规模将达到 386.4 亿元，年复合增长率超过 100%；国家政策层面上，工业和信息化部公布的《关于加快推进虚拟现实产业发展的指导意见》中提出2025年我国虚拟现实产业整体实力要进入全球前列,《国家中长期科学和技术发展规划纲要(2006—2020)》则将虚拟现实技术列为前沿技术中的信息技术部分的三大技术之一。而娱乐、艺术与教育作为VR技术和系统应用的重点领域,更是VR消费中重要的一环。

当下,VR绘画市场方兴未艾,VR市场中的各大巨头均有自己的VR绘画应用,如由脸书提供的*Quill*、由Adobe提供的*Oculus Medium*以及*Gravity Sketch*等。这些产品或侧重于动画制作,或在VR素描和建模上有着精准的表现,适用于专业设计师和艺术家们,能满足其创建角色、汽车建模等各类需求。相比之下,针对广泛的业余爱好者群体设计的VR绘画应用较少,这类设备与平台尚未普及,业余爱好者使用绘画产品的门槛较高,VR绘画很难进入普通大众的视野。目前,VR内容细分市场持续扩大,2021年已占据中国VR整体市场的近50%,占比最大。因此,把握产业发展新趋势,打造适用于普通消费者的VR绘画软件,其重要性不言而喻。

二、相关理论

国外艺术业界对于VR绘画应用已有许多实践,典型案例如:2015年,Oculus举办名为“ChallengePost VR Jam”的VR开发设计比赛,其最高奖项获奖作品《夜间咖啡馆:致敬凡·高》(*The Night Cafe: A VR Tribute to Vincent Van Gogh*)使用VR技术将文森特·威廉·凡·高(Vincent Willem van Gogh)的多部作品融合转换成三维场景;许多美术馆与博物馆将VR技术应用到美术展品的展出中,如达利美术馆为《米勒〈晚祷〉之考古学回忆》制作全景介绍视频,卢浮宫博物馆使用VR技术再现《自由引导人民》等。而国内对于这一技术的场景应用较少,将VR技术与美术相结合的更是寥寥无几,现有成果主要集中于学界对个案的讨论分析,如研究VR绘画的设计作品本质、设计策略等:关琴从视觉语言与心理表征角度研究《亲爱的安杰利卡》，从哲学意义上指出 VR 绘画用拟像的手段创造了一种"超真实"的幻象，重构了创作者和观者在虚拟空间中的创作方式和观看语言；[①]文怡琪以自己的作品《罗纳河上的咖啡馆》为例，介绍如何使用 VR 技术对经典作品再创作，从而为受众带来全新的艺术欣赏体验[②]。然而，上述案例普遍从专业创作者的角度展开，鲜少从用户体验角度研究 VR 绘画软件。互联网时代是一个用户为王的时代，提升用户体验直接关系到增强用户黏性和市场竞争力等方面。

而在其他细分领域，学界对 VR 技术的应用效果已有不少研究。有学者指出，使用 VR 进行演示有助于学生理解复杂的概念，减少学习过程中的误解，并进一步激发学生探索相关领域的兴趣[③]，基于游戏学习模式的 VR 应用在帮助学生高效学习方面作用尤为突出[④]。已有研究表明，3D 模型能够有效地帮助视觉空间知觉能力较弱的初学者学习和建造完整的空间结构[⑤]，而沉浸式 VR 则为学习者使用 3D 模型提供了可重复使用、可控的安全交互环境[⑥]。此外，VR 还能够作为艺术疗法中的一种工具，帮助人们产生更多兴奋情绪[⑦]，甚至可以帮助患者减轻在医疗过程中

① 关琴."观看之道"：绘画风格 VR 影像作品研究[J].当代电影，2020(7)：171-176.

② 文怡琪. VR 绘画创作实践探讨[D].太原：山西大学，2018.

③ MIKROPOULOS T A , NATSIS A . Educational virtual environments: a ten-year review of empirical research (1999-2009)[J]. Computers & education, 2011, 56(3):769-780.

④ MERCHANT Z , GOETZ E T , CIFUENTES L , et al. Effectiveness of virtual reality-based instruction on students' learning outcomes in K-12 and higher education: A meta-analysis[J]. Computers & education, 2014, 70(1):29-40.

⑤ BERNEY S, MIREILLE BÉTRANCOURT, MOLINARI G , et al. How spatial abilities and dynamic visualizations interplay when learning functional anatomy with 3D anatomical models[J]. Anatomical sciences education, 2015, 8(5):452-462.

⑥ HUANG H M , RAUCH U , LIAW S S . Investigating learners' attitudes toward virtual reality learning environments[J]. Computers & education, 2010(3):1171-1182.

⑦ KAIMAL G , CARROLL-HASKINS K , BERBERIAN M , et al. Virtual reality in art therapy: a pilot qualitative study of the novel medium and implications for practice[J]. Art therapy, 2019(1):1-9.

产生的焦虑感[①]。这些研究进一步为本研究提供了启发：从用户体验的视角切入，VR绘画应用对于使用者是否也会有相同的功效？

立足于VR绘画的市场潜力与VR技术的发展蓝海，为弥补该类应用在用户体验方向上的研究空白，本研究以VR绘画产品*Tilt Brush*为例进行研究，对软件的使用体验进行测评；了解其在减压与美术教学两方面的表现：是否能够帮助大学生缓解压力，改善心理状态？是否有助于改善美术设计的教学效果？

第二节　研究方法

为了解VR绘画类软件的用户体验，本报告选择质性研究方法，主要采用半结构访谈，同时辅以研究人员对被试使用过程的观察记录。

一、设备与软件

本研究采用HTC Vive头戴式VR设备，使用产品为*Tilt Brush*。谷歌曾在2017—2018学年邀请耶鲁大学艺术系的学生使用*Tilt Brush*体验VR绘画，从而进一步研究VR在教育领域的应用，这为本研究探索VR绘画在教学方面的效果提供了灵感。作为一款定位为“绘画应用程序”(Painting App)的软件，*Tilt Brush*主要应用于绘画与场景设计，在满足艺术家的专业要求的同时，更方便业余爱好者在VR设备营造的3D空间中绘画。软件的使用门槛与专业性相对低，受众群更为广泛。

*Tilt Brush*是一款在房间大小的空间内使用的3D绘画VR应用程序。其使用界面设有虚拟调色板，用户可以从中选择各种类型的画笔和

---

① JEFFREY I，GOLD，NICOLE E，MAHRER. Is virtual reality ready for prime time in the medical space? A randomized control trial of pediatric virtual reality for acute procedural pain management[J].Journal of pediatric psychology，2018，43(3)：266-275.

颜色，使用手持控制器在 3D 空间中移动，从而形成笔触。[①] 其主要功能的设计类似于"一款 VR 版的 Photoshop 软件"，VR 创作艺术家可以通过调整画笔角度、空间位置在 3D 空间中绘制线条、平面或几何体，操作相对简单。

因 *Tilt Brush* 用户群体较少，难以采访到深度使用的用户，因此小组成员翻阅了 Steam 平台上的用户评价，以及与 *Tilt Brush* 相关的网页资讯，根据用户的评论内容及其个人信息绘制了简易的用户画像，以方便后续研究的进行。这一方面有助于研究人员进一步了解产品的实际功用，另一方面有助于根据实际用户的特点确定招募被试的标准。用户画像如下。

(1)他是一名 28 岁的插画师，美术学院毕业，现居纽约。从事网页插画绘制等设计工作，收入中等。爱好绘画，喜欢体验新奇的事物，也爱玩节奏缓慢的游戏。

(2)她是一名 25 岁的服装设计师，现居上海，因工作原因接触到 *Tilt Brush*。追求时尚，平时喜欢使用哔哩哔哩平台观看并发布视频。

二、访谈对象

本研究采取目的性抽样与差异性抽样的方式招募访谈对象。

根据前期对 *Tilt Brush* 用户定位的了解、对 VR 绘画相关文献研究成果的阅读，以及对先期体验者的观察，我们推测使用者的专业基础会对体验评价有较大影响。因此，我们主要考虑对本研究问题具有重要意义的因素——绘画基础背景，而放弃对使用者性别、年龄等普遍性因素的考虑，并且将样本抽样标准设定为是否为设计专业。同时，为兼顾 *Tilt Brush* 作为 VR 绘画软件的特征，我们依据关于 VR 绘画的主要研究方向，对非设计专业的被试的专业背景也提出了要求——与传播、教育、技术等相关。

本研究最终招募到了北京师范大学的 7 名本科生(均为女性)作为访

① 参见：https://en.wikipedia.org/wiki/Tilt_Brush。

谈对象进行当面访谈，其中 4 人来自设计专业，3 人来自非设计专业；7 人均有一定绘画基础，具体信息见表 6-1。

表 6-1　被试基本信息

编号	专业背景	绘画基础
1	教育技术专业	业余绘画爱好
2	设计专业	经受过专业的设计技能培训
3	设计专业	经受过专业的设计技能培训
4	经济管理专业	业余绘画爱好
5	传播学专业	有一定的设计基础
6	设计专业	经受过专业的设计技能培训
7	设计专业	经受过专业的设计技能培训

每名受访者接受访谈的时间约为 20—25 分钟。在征得受访者同意后，访问者对访谈全程录音。在访谈过程中，访问者依据实际情况结合提纲对访谈问题做弹性处理，不局限于提纲的访谈顺序，鼓励受访者积极参与、回忆、思考、解释和详细描述，并在访谈过程中注重对相关问题的细节进行深究。

三、访谈提纲

本研究团队在查阅相关文献的基础上，参照前人研究的具体内容，以交互体验评价为核心问题设计访谈提纲。采访所使用的提纲分为三部分。

第一部分，借鉴王晰巍、郑国梦等人的 VR 交互体验评价指标体系量表①，调查被试使用 *Tilt Brush* 时的体验，大体分为系统、功能、界面、主体感受四个板块；第二部分，借鉴马剑虹、梁颖等人的压力体验量表与职业倦怠量表(Maslach Burnout Inventory General Survey, MBI-GS)②，基于第一部分的访谈结果，针对有解压效果反馈的被试，进一步研究使用

① 王晰巍，郑国梦，王铎，等.虚拟现实阅读用户交互体验评价指标构建及实证研究[J].图书情报工作，2020，64(16)：54-66.

② 朱林仙. 大学生心理压力、社会支持及其与学习倦怠的关系研究[D].杭州：浙江大学，2007.

Tilt Brush 后个体的压力缓解状况，主要分为情绪耗竭、去个性化、个人成就感三个维度；第三部分，借鉴 ARCS 动机设计模型（ARCS model，四个字母分别表示 Attention、Relevance、Confidence、Satisfaction）[①]，针对设计专业被试展开访谈，探究 *Tilt Brush* 在美术教育方面的使用效果，主要研究内容为对使用与演练效果的预估。

在设计好访谈提纲后，我们进行了预访谈，验证了访谈提纲的逻辑性和严密性，并在预访谈的基础上对提纲进行了修订和完善，最后确定了访谈题目[②]（见表 6-2）。

表 6-2　半结构化访谈提纲

访谈部分	提纲
用户体验评价	1.曾有过 VR 体验吗？曾体验过类似的 VR 绘画软件吗？ 2.体验过软件之后，感受如何？您对它有什么评价？ • 操作后系统是否立刻有所反应？是否遇到卡顿、崩溃等？ • 是否能立刻找到操作需要的功能键？较短时间内能学会如何使用吗？ • 操作方便吗？ • 您觉得设计界面风格如何？布局清晰吗？提示清楚吗？设计美观吗？ • 您想画的东西能通过软件基本实现吗？展现完整吗？ • 操作时能获取不同类型（音效、视觉）的反馈吗？ • 您觉得所处场景如何？ • 如果有机会您愿意继续使用吗？ • 您用过其他形式的绘画软件吗？您觉得它们有什么不同？ • 您对绘画的兴趣有变化吗？ • 有满足您体验前的设想（需求）吗？ • 您觉得自己身心投入程度如何？注意力集中吗？ • 使用过程中舒适程度如何？有趣吗？心情如何？ 3.您认为它能应用在哪些领域？您对它的发展前景有何看法？

① 张志祯.虚拟现实教育应用：追求身心一体的教育：从北京师范大学“智慧学习与 VR 教育应用学术周”说起[J].中国远程教育，2016(6)：5-15，79.

② 吴毅，吴刚，马颂歌.扎根理论的起源、流派与应用方法述评：基于工作场所学习的案例分析[J].远程教育杂志，2016，35(3)：32-41.

续表

访谈部分	提纲
解压效果	1.您最近的压力状况如何？ • 您最近是否感觉情绪低落、神经紧绷或者没有精神、筋疲力尽？ • 您最近是否怀疑自己所做事情没有意义，只把所做事情当作完成任务？ • 您完成事情时是否会感到愉快？是否有信心有效完成所做事情？ 2.您觉得使用软件是否缓解了一定的压力？
教育/美术设计应用效果	从您自身专业的角度来看，您对它有什么评价？ • 能将自己过去的美术教育/绘画设计知识运用到软件中吗？ • 与其他形式的美术教育/绘画设计相比，您觉得有什么不同？ • 您觉得它应用于本专业的可能性有多少？有什么优势和劣势？

四、流程

在研究人员的帮助和引导下，被试佩戴VR设备，使用*Tilt Brush*进行亲身体验。体验过后，研究人员参照访谈提纲对其进行深度访谈，收集原始信息资料。此外，研究人员在被试体验过程中仅在其使用设备时加以必要的引导，在不干涉被试的应用使用体验的情况下进行简单的观察记录，方法包括通过电脑画面进行图像截屏、借助应用设置进行视频录屏，作为旁观者对被试使用时的动作幅度等反应进行简单记录。最后研究人员对访谈资料进行分析和编码，进一步对原始数据进行系统分析与逐步归纳，提取被试体验评价的关键特征。

第三节　数据分析

首先，由2名研究人员将采访录音转换成文字，并整理为标准规范的Word文档格式。之后由1名研究人员使用Nvivo11.0软件对数据进行编码分析，编码结果由另外2名研究人员进行进一步确认。Nvivo11.0软件由澳大利亚QSR公司开发，是能够对图片、文档、视频、音频等数据资料进行存储、检验分析的计算机辅助质性分析软件。吴毅等人[①]认为 Nvivo 软件有助于研究人员便捷地挖掘资料中有价值的信息，并进一步分析得到更可靠的研究结论。

编码时运用扎根理论“自下而上”的思维方式，在逐字逐句认真阅读的基础上，对文本资料进行开放性、主轴性、选择性的逐级编码。编码结果见表 6-3。

在利用 Nvivo11.0 软件对整理好的访谈资料编码时，在处理到第 4 位被试的访谈记录时没有出现新的自由节点开放性编码，继续对第 5、6、7 位被试的访谈记录进行编码也未出现新的自由节点，因此基本可以确认数据已经饱和，邀请的被试人数达到要求。

笔者秉持“悬置前设、开放思维”[②]的观念对原始文本进行开放式编码，通过对被试回答的语句的上下文语义理解，在对原始资料进行初步概念化之后，得到由近 218 个初始概念组成的概念群，并在此基础上得到对应的自由节点。之后参考已有学术文献，自行进行主轴性编码，对节点进行归类，合并相同属性的内容，得到 39 个初级类属。接下来，笔者对 39 个初级类属进行整理归纳，梳理它们之间的关系，进行进一步合并后得到 18 个主题类属。在进行选择性编码的过程中，聚焦上一步骤中得到的 18 个主题类属，结合获得资料中的其他信息，如观察记录得到的结果，力图发现更宏观、更具包容性的类属。最终通过对编码内容的逐级分析、合并、重组，获得 6 个关键词：主体期待、系统评价、功能评价、界面评价、主体感受、专业评价。

---

① 吴毅，吴刚，马颂歌.扎根理论的起源、流派与应用方法述评：基于工作场所学习的案例分析[J].远程教育杂志，2016，35(3)：32-41.

② 田振华，熊华夏.建构、解构与重构：校长视角下农村小学全科教师的未来走向——基于 NVivo11.0 访谈资料的编码分析[J].当代教育科学，2020(4)：75-79.

表 6-3　编码结果表

类属	群组类属	定义	概念
主体期待	使用程度	相关软件体验，例如VR体验、绘画软件体验等	体验过 VR； 没有体验过/第一次体验；了解过 3D 绘画软件（3D max）； 使用过其他绘画软件（SAI、PS、Procreate）
	先期设想	实际体验前对此软件的心理预期	基本符合对 VR 绘画软件的设想； 比设想要神奇/和设想不太一样； 比想象的功能丰富
系统评价	流畅性	系统对于启动、操作、触控等响应的流畅程度	基本上操作流畅/很顺滑； 有一点点延时； 手柄卡在那里需要晃一下
	稳定性	系统维持正常运作状态的程度	没有黑屏； 在画笔界面有卡顿
功能评价	全面性	功能设计是否能够覆盖用户需求	功能有一些欠缺/功能没有那么齐全； 还比较好/初期使用基本足够； 多样式的笔刷帮助老人和小孩简单上手
	易学性	学习软件操作所花费的精力	很快就能上手； 和平面软件的功能大同小异，熟悉很快； 需要时间去熟悉； 不会用一些功能，所以很少使用
	易用性	快速有效地完成任务的程度、能否快速找到页面中所需要的信息	基本上试过一遍就能掌握； 有些功能还没有挖掘出来； 尽量减少了不必要的操作/操作方便； 划分了明确的菜单区域； 容易误触
	丰富性	使用时除基本绘画体验外的其他体验	音效匹配度很高/有一些音效； 画笔有静态动态之分/动态营造氛围； 不同的画笔很有质感； 线条有立体投影； 扳机使用有压感

续表

类属	群组类属	定义	概念
界面评价	美观性	界面外观	整体风格比较简洁； 很酷炫的感觉/很有未来感； 辨识度很高； 卡通
	清晰性	界面信息提示明确、便于用户理解使用的程度	光标移动到图标有提示/有一定的提示； 没有什么引导
主体感受	愉悦感	心情愉悦、身心放松的程度	比较解压/脑子放空； 心情有变好/心情愉悦； 很有兴趣/太好玩了； 挺惊喜的
	舒适感	体验过程中舒服的程度	视角模糊/画面像像素一样； 眼镜发热； 头盔笨重/勒得久了有些压； 有晕眩感； 一直举着手柄很累； 设备线拽着
	沉浸感	沉浸在当下的体验而忘记真实世界情境的程度	个人投入感比较强/沉浸感强； 没有意识到在实验室； 回到现实世界； 线条好像触手可及
	满意度	对体验质量的主观评价与使用意愿	愿意继续使用； 愿意下载/愿意购买； 很期待之后的发展； 非常过瘾的体验/见猎心喜

续表

类属	群组类属	定义	概念
专业评价	应用领域	预计软件可能应用的领域	培养创造力和学生的想象力； 空间感培养； 做一些数学模型； 舞蹈和绘画的结合表演； 提高艺术能力； 适合夸张的造型设计、工业设计； 游戏和电影场景设计、景观设计、室内设计； 偏向娱乐性而不是专业性； 协助视障人群
	应用优势	软件应用于美术或教育行业所具有的长处	立刻记录灵感； 直观呈现想法； 向其他人(甲方)展示体验； 进入环境当中/展现得更整体； 把控作品的体量感
	应用劣势	软件应用于美术或教育专业所存在的问题	技术推广成本问题/对硬件要求高； 细化操作缺乏/操作精准度不够/可调控性不高； 可操作性太强反而不知道做什么/思维发散； 从二维到三维的思维转变瓶颈； 使用率不高
	改进建议	对于软件进一步优化的建议	增强引导性； 引入图层概念/锁定坐标轴，有专业需求； 左右手的协调配合/双手模式可以调换； 导入其他软件做好的模型/加强开放性； 画笔衔接功能、透明度

第四节　研究结果

一、访谈数据

（一）主体期待

1.使用程度

参与访谈的7人中有5人体验过VR设备，6人使用过美术设计软件。

2.先期设想

多数人在体验过后认为和自己先前设想的VR绘画有差别，但差别不大；少数人认为VR绘画是在平面中而非空间中进行绘画，如认为VR绘画是佩戴设备进行二维平面的绘画①。

（二）系统评价

1.流畅性

多数人认为运行得很流畅，偶尔会有一些延迟或卡顿，而运行不流畅的时候大多与设备运行状态和手柄使用方法相关。被试认为笔刷有时候会不太灵敏，动作幅度大的时候，笔刷可能还是停留在原位②。

2.稳定性

多数被试认为软件和系统的稳定性很好，据观察，仅1位被试因机器

① “像一面墙或者一个画布那种，可以围绕着你360度旋转，在体验后我才发现原来它是可以画很立体的画作的。”（该被试非设计专业学生）

② “卡顿状况存在，但是很少。可能操作很久之后会突然出现一下，然后笔刷有一点点不大灵敏，可能会有点儿不好控制，有时候手动得太快，那个光标还是停留在原来的位置，我的手要回到原位它才能动，其他的都还好。”（该被试为设计专业学生）

使用时间过长遇到了软件崩溃重启的情况，该被试对软件的稳定性评价不高。

(三)功能评价

1.全面性

来自设计专业的被试基本上都表示软件的绘画功能有一些欠缺，可以做得更细致[①]。非设计专业的被试认为功能比较齐全，能够满足自身的绘画需求。

2.易学性

几乎全部被试都表示很容易就能学会使用，因为软件的图标清晰明了，使用者能够快速辨别图标对应什么样的功能[②]。

3.易用性

使用者认为软件总体的体验感和使用感不错，设备手柄的分区功能做得很好，也与软件的图标结合得很好，快捷键符合人体工学，且快捷键切换速度快、延迟低[③]，操作符合逻辑、易于使用[④]。

4.丰富性

所有人都认为画笔和音效匹配度很高，画笔的丰富程度高，质感也很好，在使用的过程中感受到了不同操作带来的不同反馈，这些反馈加深了在场感和被试的参与度。

---

① “不能锁xy轴，它就只能一直在三维空间里移动，没办法固定，不能调整透明度。”(该被试为设计专业学生)

② “我用这个软件时最常用的就是笔刷和橡皮这两个键，其他都很少用到，就和平时画画一样，一旦掌握这两个功能，我觉得就能进行创作了，使用起来还是比较简单的。”(该被试非设计专业学生)

③ “快捷键挺好用的，而且它的切换速度很快，切换的时候也没有卡顿，笔刷也几乎没有延迟，非常好用。”(该被试为设计专业学生)

④ “我平时也接触过很多设计软件，我觉得软件之间的内在逻辑是一样的，所以我使用这个软件就觉得上手很快。”(该被试为设计专业学生)

(四)界面评价

1.美观性

多数人认为软件风格简洁[①],少数人认为风格偏卡通、科幻[②],仅 1 位被试认为界面老旧[③]。

2.清晰性

几乎所有被试都认为软件缺少引导和教学,需要自己尝试才能够开始作画,但好在图标比较清晰、功能很直观,因此体验还比较好,很快就能够掌握。

(五)主体感受

1.愉悦感

部分被试认为 VR 绘画很解压。首先,软件提供的画笔种类很多,可以选择不同的画笔绘画,画面的效果也很好。其次,佩戴头部设备能够让她们真正浸入一个作品,暂时远离生活中的琐事;完成一个作品之后心情很愉悦轻松,摘掉头戴设备的过程也让她们有一种“重见光明”的感觉。被试普遍认为很有个人成就感,很有兴趣,软件具有很强的娱乐性,提高了她们的绘画积极性。

2.舒适感

有 3 名被试提及使用过程中感觉视野模糊,有时候看东西不清楚,有晕眩感;少数被试认为 VR 眼镜发热,佩戴时有些“闷”[④]。4 名被试认为

---

① “我觉得它的界面挺好的,美观、简约,不会让我觉得眼花缭乱。”(该被试为设计专业学生)

② “我觉得它有那种赛博朋克的感觉,就是那种现代科幻的感觉。”(该被试非设计专业学生)

③ “我觉得它有一种上个世纪的感觉,页面看起来很老,很阴暗的感觉,它的界面都是黑色的或者暗色的。”(该被试非设计专业学生)

④ “眼睛附近有一点儿热,视觉上实在是有点儿花(视野有些模糊——研究者注)。感觉戴着有点儿闷闷的,不透气。”(该被试为设计专业学生)

头盔笨重、头围不合适,VR眼镜经常向下滑落。

3.沉浸感

被试都认为个人投入感很强,沉浸感很强;部分被试认为设备的线影响了沉浸感①,由此可以看出设备的连接线极大地影响了使用时的体验感。

4.满意度

4名被试表示将来有机会的话愿意继续使用。3名被试明确表示会推荐给其他人使用。

(六)专业评价

1.应用领域

设计专业的同学认为VR绘画适合一些夸张的造型设计,能够方便建筑师进行场景建模,可以将产品的形态直观地呈现给甲方,它也能够帮助美术初学者提高艺术能力,培养美术兴趣。教育专业的同学认为VR绘画能够帮助儿童提高创造力,培养空间感。

2.应用优势

能够帮助设计者、建筑师、作家等人群记录、寻找灵感,或者是直观地呈现想法。

3.应用劣势

VR设备体积大,价格高昂,推广、使用成本高,并且操作的精准度比较低,只能用于设计的初级阶段。

4.改进建议

设计专业的被试大多认为该软件需要再细化笔刷的基本功能,如自

① "我觉得自己的投入程度大概有个99.9%吧,但是会有一点儿担心自己的人身安全,就是怕自己被线给绊倒,不敢大步走,只能一点一点摸索着,有时候不知道走到哪里就会被线拉住,然后就走不动了,这个时候就有点儿影响我的投入状态。"(该被试为设计专业学生)

由改变笔刷的透明度、自由创建笔刷等，画面的精细度也可以再提高一些，目前的笔刷只能够画较大的物体，不适合画较小的物体或进行细致的描摹。一位非设计专业的被试认为软件可以添加新手指引及功能说明，针对一些不常见的绘画功能可以添加动画进行详细解释。

二、观察记录

经参与研究的被试同意后，我们获得了一定数量的图像类资料。通过初步的归纳，我们有了一定的发现。

（一）功能探索

通过观察被试探索与掌握 Tilt Brush 功能的情况，我们发现设计专业背景的被试更倾向于在摸清基本功能后继续摸索新的功能，她们对应用功能的了解更为全面，发掘出除了基本的画笔与橡皮外的更多功能，包括 VR 场景设置、立体画面投影的光线设置、放大缩小功能、视角调节功能、设置路径录像、辅助模型等。而非设计专业的被试在掌握基本操作如调色、更改画笔后，大多会开始进行绘画，在功能探索方面多停留在画笔与橡皮等基础功能上。

（二）动作幅度

通过以旁观者视角对被试使用过程的观察，我们发现在动作幅度方面，被试也产生了一定的差异：在对平面行动范围的探索中，设计专业的被试相较而言更喜欢不断移动，多次遇到被设备线扯住的状况；而多数非设计专业的被试更喜欢待在一定的空间范围内，在较为熟悉的范围内行动。

在肢体行动特点上，设计专业被试的躯干动作幅度更大，转身、下蹲起身等动作出现得更多，同时手臂的动作幅度也更大，例如高举手臂或者向前伸直进行绘画；非设计专业的被试的常态是维持人体习惯的动作幅度，例如基本保持直立状态、多数面向体验开始时的方向，手臂多数情况下为自然弯曲微抬的状态。

（三）绘画内容

通过分析电脑截屏与应用录屏得到的图片与视频，我们发现：在画笔的选择上，设计专业的被试偏向线条类和具有特殊笔刷质感的类型，倾向选择可控的画笔；非设计专业的被试倾向于特效类画笔，如飞舞的雪花和闪烁的星星等动态类型，此类画笔的特点是画出后会自动飘散、无法控制。

在绘画的内容上，设计专业的被试更愿意尝试用不同画笔组合搭建场景，比如用云雾形状的喷头画笔搭配具有闪烁效果的半透明线条画出闪电以营造雷雨天气的场景，或者利用晶状体画笔搭配线性运动的气泡和游鱼动态画笔营造海底世界以及童话风格的块状区域场景，等等。即使是使用普通画笔，这几位被试也是绘画如花瓶、躺椅、裙摆等有明显立体空间感的物品。非设计专业的被试更愿意尝试画静物，比如生日蛋糕、海草、花朵等，画面框架仍然是由单纯的线条组合搭建的，或者仅使用已有的拟态画笔进行大小与方向的控制，而不是如设计专业的被试那样反复使用笔触铺满平面以接近真实的状态。这一反应在某种程度上体现了未经专业三维空间绘画训练的使用者维持二维空间的思维方式与使用习惯的特点。

（四）额外互动

观察被试在体验 *Tilt Brush* 时除使用外的其他反应，我们发现：设计专业的被试相较而言与研究人员的沟通互动更多，会一边使用VR设备一边实时反馈自己的感受，比如夸赞某一种画笔的使用效果、某一种功能的操作，或者抱怨自己动作幅度过大走出使用范围被设备线扯住而打断自己使用时身心投入的状态、因一直抬着手臂使自己感觉劳累，又或者想找到一般绘画软件中都具有的某种功能未果而询问研究人员。非设计专业的被试相较而言更偏向一个人安静地使用软件，虽然在使用前或者刚刚卸下 VR 设备后有一定反馈，但基本上在绘画过程中并不与研究人员进行互动。

(五)其他发现

需要进行补充的一部分发现是，设计专业的被试相较于非设计专业的被试，在访谈过程中的情绪更饱满，在回答有关体验感受的采访问题时也表现出兴奋程度与愉悦程度更高的情况；与此同时，她们评价 *Tilt Brush* 的功能时，往往会指出不满意的部分；在判断自己掌握应用功能的程度时，表现出希望进一步了解未探索的功能，以及对自己未能探索更多功能的遗憾。而非设计专业的被试实际上探索的功能更少，但对自己掌握应用的程度的评价更高。根据“使用与满足”理论可以发现，对绘画专业领域了解程度的不同使被试做出了不同的评价：具有专业背景的被试通过自己曾经使用专业软件的经验，体会到 VR 绘画软件的优势，但因为软件中功能的相似性以及对 *Tilt Brush* 专业性的高期待，她们均对软件的劣势表达了看法。非设计专业的被试更多是抱着娱乐休闲的目的进行使用，因此需求基本得到了满足。可见在 *Tilt Brush* 的体验过程中，重点不是应用提供了什么功能，而是不同的用户根据自身的需求选择如何使用。

第五节　产品改进建议及总结

一、研究发现

本报告的研究目的是对 *Tilt Brush* 的使用体验进行测评，并了解 VR 绘画产品是否能够帮助大学生缓解压力、是否有助于改善美术设计的教学效果。

整体使用体验结果表明，被试对软件的满意度较高。无论是系统运行流畅度、软件使用难易度，还是界面美观度等，被试均给出了较高评分，认为使用体验较好；同时，被试也表示此次体验基本达到先前预期，对软件未来发展也充满信心。值得注意的是，设计专业的被试与非设计专业的被试在软件需求、使用行为以及满意度等方面存在着较大区别，可能的影响因素是掌握的绘画相关知识不同以及对设计类软件的熟悉程度不同，这些因素导致了二者在信息获取能力与获取程度、使用目的、思考方式等方面的差异。因此，产品设计人员要想理解并服务于不同用户的需求，首先要保证能够服务于大多数浅层用户，做到易学易懂；其次要有合理的功能延伸以便服务于专业用户。设计者要进行合理的设计，寻求设计上的最大公约数。

在情绪和学习效果方面，研究表明VR绘画软件对使用者的情绪可产生积极影响，被试使用过后心情愉悦，负面情绪有所减少，这也说明软件具有一定减压效果，并能增强使用者学习绘画的兴趣和信心；此外，VR提供的沉浸感和空间存在感让大部分参加者都感到仿佛身处另一个维度，可以排除外部干扰，从而提高个体注意力，专注绘画。因此，此实验在一定程度上证明了此前研究的正确性，即VR作为艺术疗法工具时能够帮助人们在使用过程中舒缓情绪，减少焦虑感，从而提高学习积极性和效果。

二、研究局限与未来研究

第一，本研究未进行软件用户以及任务难易度区分，因此使用了量表进行质化研究。我们选择的量表多为经典量表，但只选择了其中部分问题，将其转化为访谈问题进行提问，我们并不清楚这种方法是否能够有效、全面地覆盖想要得到的答案。为深度了解VR绘画软件的用户体验，未来的实验可以对提问的问题和方式进行优化，也可以设置对照组，通过对照实验更精确地判断 VR 绘画能否消除负面情绪、提高个体绘画兴趣和技巧。

第二，本次仅探索 VR 绘画软件最基础的使用体验。因时间与了解程度的限制，多数被试只体验了笔刷、橡皮与调色盘的使用，未曾体验其他更高级的功能，因此其软件评价与改进建议可能存在遗漏或多余部分。未来的研究可以基于 VR 绘画软件的某一高级功能，如“镜像”功能，去探究不同类型用户在使用平面与三维软件中的这一功能时在使用思维上的差异。在实验中，部分被试认为自己使用“镜面”效果后画出的两个镜面对称的几何体大小不一，这是因为这两个几何体与被试的距离不同，也并非以被试为对称中心点。在使用的过程中，因 VR 绘画软件本身的失真感，以及绘画效果由二维变为三维，部分被试不适应不以自身为中心点的创作：以往的平面绘画是从被试自身出发去凝视另外一个平面，而使用 VR 绘画软件时，绘画者自身就处于画面中，三维空间中的任何点都有可能成为中心点，绘画者很难判断自己画出的远距离几何体的比例是否正确。因此，在实验中，被试认为通过“镜像”功能绘制出的几何体大小不一。

在未来，VR 绘画设计可能发挥更重要的作用，如帮助设计者了解空间布局等。作为一种崭新的艺术传播媒介，VR 绘画软件将传统的绘画形式从二维平面带到三维空间，从而使绘画效果更加接近真实世界中的事物。在实验过程中，极少数被试在发现可以在空间内画出线条之后，仍旧尝试在二维平面或是使用 2D 透视来进行绘画，这凸显了一个潜在的困难——如何打破体验者思维的局限性，让其二维绘画思想向三维绘画思想转变。我们认为可以设置对照组进行实验，如通过游戏《纪念碑谷》，来探究思维是否存在二维或三维的局限性，怎样去打破局限性并使二者进行转化。

此外，本研究中使用的软件 *Tilt Brush* 并非纯粹的绘画软件，它可以进行建模操作，也可以用于服装设计。在未来，我们可以就该软件和类似软件探究“什么是绘画”这个话题，思考未来艺术创作的边界在哪里。

第七章

VR 安全教育软件用户体验报告

——以《VR 火场逃生体验场景》为例

火灾是威胁公众安全和社会发展的主要灾害之一。为了尽可能地减少火灾及其对人类造成的危害,有必要对大众普及遇到火灾时的自救与逃生知识。现有的常规安全教育形式是讲座或消防演练,但是这些形式无法给大众留下具体和深刻的印象,教育效果并不是很理想。如今,虚拟现实技术作为一项新兴技术正在不断发展,也被越来越多地运用到教育场景中,其带来的“身临其境”的体验有助于加深人们的印象与感受,十分适合运用在安全教育领域。这种应用形式既有发展潜力,也有发展意义。然而对 VR 技术在安全教育领域的体验探索与研究仍然有所欠缺。本研究以一款 VR 消防产品——《VR 火场逃生体验场景》为案例,通过对 17 名自愿体验该产品的本科生进行观察与半结构化访谈,并将所获资料根据 TECH 模型进行归类编码,以探究产品的知识教育性以及产品本身的制作质量,为 VR 技术在安全教育领域的进一步发展提供参考。结果显示,该产品总体使用感较好,获得了被试的普遍认可,但仍然存在着个别操作指示不明晰、参与感欠佳、受众人群细化不足的问题。此外,研究还发现被试对当前的 VR 设备的性能不满意,提出了 VR 头显(头戴式显示设备)略重、手柄按键区分度较低、射线校准稳定性待提升等问题。

第一节 研究背景

2017 年,我国工业和信息化部发布了《应急产业培育与发展行动计划(2017—2019 年)》,提出了在技术转移转化方面,要加快推进消防、安防、生产安全、交通安全、医学救援、防灾减灾、反恐防爆等应急技术工程化,促进虚拟现实类的高新技术应用于突发事件并形成新产品、新装备、新服务。此外,根据国务院办公厅 2016 年发布的《国家综合防灾减灾规划(2016—2020 年)》中设定的目标,到 2020 年,全国增创 5000 个综合减灾示范社区,进一步健全防灾减灾救灾机制。[①] 由此可见,国家历来非常重视发展公共安全事业、关注公共安全教育。当前,传统的安全教育方式以知识讲座、视频教学和实践演练为主,普遍存在着信息量大、内容抽象、成本高、难以照顾到所有学习者等局限性,教育效果参差不齐。VR 技术的发展完善丰富了科普的手段,其画面直观生动且交互性强,是对传统安全教育方式的有效补充。

VR 体验式安全培训属于一种虚拟技术,是近几年发展起来的全新实用技术。同时,在将 VR 技术融入体验式应用的时候,主要是利用计算机设备对环境等方面进行模拟,形成一个虚拟三维空间,进而为用户带来视觉、感官等方面的体验。[②] 当前,VR 技术凭借其沉浸性、交互性和多感知性的特殊优势,已经被应用于火灾、地震、交通等多个安全教育领域,具有广阔的发展前景。5G 时代已经到来,其高速率、低时延、海量通信的特点必定将进一步推动 VR 技术在安全教育领域的广泛应用。

火灾是日常生活中常见且危害巨大的灾害,火灾安全教育始终是我国公共安全教育的重中之重。采用 VR 技术还原真实的火灾现场,使用者据此进行虚拟演练,可以提高其面对火灾时的应急处理能力,对降低财物和生命损失有着重大意义。近年来,国内采用 VR 技术设计开发的火灾逃生演练系统屡见不鲜。例如,石来等人开发的基于火灾动态模拟软件(Fire Dynamic Simulation,FDS)的火灾逃生 VR 系统,体验者通过系统可以充分体验真实的火灾烟气和高温情况,从视觉和热感两方面感受

---

① 贾红艳.VR 在安全教育领域的应用[J].电子技术与软件工程,2019(21):136-137.

② 毕莹莹.VR 技术对建筑安全教育教学的影响研究[J].决策探索(中),2019(12):60.

火灾环境[1];胡珉等人开发的 VR 隧道火灾疏散指挥训练系统,可以综合模拟疏散指挥过程,并对指挥效果进行数值化评估[2]。

但是,当前 VR 技术主要应用于游戏、影视领域,其市场占有率高达 84%[3],相较而言其在安全教育领域的应用较少,普及程度不高,技术也尚未完全成熟;目前学界对 VR 安全教育的研究主要集中在系统设计和研究综述两方面,对已成型的 VR 安全教育系统的用户体验关注较少,因此本研究以 VR 火场逃生演练系统为例,探讨用户的使用感和心理需求,为 VR 安全教育的发展完善提供参考。

第二节 研究方法

为了解以《VR 火场逃生体验场景》为代表的基于 VR 技术的安全教育软件的用户体验,本研究采用调查问卷、采访以及深入访谈等定性、定量的方法对 VR 安全教育类软件的用户体验进行全面研究。

一、设备与软件

本研究采用型号为 Pico G2 4K 的 VR 眼镜。Pico G2 4K 是近年来表现优异的旗舰产品,在上一代(Pico G2 小怪兽 2)的基础上,大幅提升了屏幕分辨率,并且随机标配 3DoF(Degree of Freedom,自由度)体感手柄,给用户优异的使用体验。本研究使用的实验材料是《VR 火场逃生体验场景》。该产品是由乐备安全公司开发的一款 VR 仿真防灾减灾互动教学产品,其中共设置五个仿真火灾场景(见图 7-1):酒店火场、办公室火

① 石来,陈超,李晓军,等.基于 FDS 的地下空间增强体验式火灾逃生 VR 系统[J].中国安全科学学报,2019,29(4):70-75.

② 胡珉,刘媖雯.基于 VR 的隧道火灾疏散指挥演练系统[J].中国安全科学学报,2018,28(5):185-190.

③ 研咨询.2020—2026 年中国虚拟现实设备行业市场经营风险及投资前景评估报告[R].[2019-09-17].https://www.chyxx.com/research/201912/813887.html.

场、家庭火场、卧室火场、电动车起火场景。产品力图营造真实、沉浸式的火场氛围，并通过互动过程中的针对使用者的教学引导向其科普火场逃生知识。用户佩戴 VR 眼镜，手持手柄，通过手柄按键与射线操控实现选择与空间移动。

产品使用流程为：

（1）体验者自行选择进入任一火灾场景；

（2）系统弹出对话框并同时播放语音以提示火情；

（3）体验者跟随对话框和语音的引导使用手柄完成场景中的移动、按下、拿起等动作，完成逃生、灭火、捂口鼻等操作，正确完成操作则逃生成功；

（4）系统对话框弹出知识性选择题，若回答正确，则体验者逃生成功；若回答错误，则体验者逃生失败，体验结束。

图 7-1 《VR 火场逃生体验场景》内部场景展示

二、被试

用户体验测试在北京师范大学红十字会开展的防灾减灾培训活动中进行，最终招募到 17 名被试参与体验及访谈（被试基本信息见表 7-1）。

其中，被试均为女性，三分之二以上的被试接触过 VR 设备但是均未使用过与防灾减灾教育相关的软件，所以被试对于此类产品的先前使用经验相当。

表 7-1　被试基本信息表

变量	类别	人数	占比
性别	女	17	100%
年级	大一	9	53%
	大二	7	41%
	大三	1	6%
是否使用过 VR 设备	是	12	71%
	否	5	29%
是否使用过与防灾减灾教育相关的 VR 软件	是	0	0%
	否	17	100%

三、流程

在征得被试同意后，主试对被试进行有关基本操作的教学和引导，帮助其佩戴及调试 VR 设备。确认可以开始后，被试自行操作体验卧室火灾场景（被试均为大学生，因此该场景最贴合其生活，并且最具培训意义）。在体验该场景之后，被试自行决定体验其他场景或结束体验。完成体验之后，被试需要填写知识性问卷（5 题），问卷内容主要是卧室火灾场景的相关知识点。最后，研究者与被试进行一对一的半结构化访谈，访谈时间平均在 15 分钟左右。被试均为自愿参与，无任何参与报酬。

第三节　分析及结果

一、知识性问卷

完成体验后，被试填写知识性问卷，以检验是否已经了解产品中介绍的各类火场逃生知识。题目如下：

(1)火场逃生时，开门前应注意什么？

(2)可以使用房间内的什么物品堵住门缝，阻止火焰蔓延？

(3)报警信息应包括哪些内容？

(4)除报警以外，还可以通过什么方式寻求救援？

(5)火场脱困的关键点包括什么？

根据知识性问卷的答案，制定统一的分值等级，对被试的答案进行打分。从统计结果看(见表 7-2)，此次体验的教育效果良好，所有被试的分数均达到及格水平，过半数的被试达到了 90 分以上(N＝9)，仅有少数被试得分在 70 分以下(N＝3)，剩下的均为 80 分—90 分(N＝5)。结果说明，使用该 VR 产品有助于提升火场逃生知识培训效果，在帮助人们提升火场逃生的知识与技能方面能够发挥一定的作用。

表 7-2　知识性问卷得分结果

总人数	平均值	标准差	中位数	最低分	最高分
17	86.65	11.32	90	62	98

二、访谈

研究人员将访谈录音转录成文字，使用 Nvivo 软件对数据进行编码分析，最终以 TECH 模型作为用户体验测量标准的整体架构。TECH 模型由蚂蚁金服开发，可用来度量产品用户体验，适用于分析定性数据。该模型主要分为任务体验(task success)、参与度(engagement)、清晰度(clarity)、满意度(happiness)四个维度。其中,任务体验涉及产品核心任务流程中的体验问题、需求和期望等;参与度涉及产品提供的功能能否满足用户提升工作效率的需求;清晰度涉及引导、帮助是否清晰,用户能否顺利完成想做的事情;满意度涉及用户对产品及其他方面的满意度,比如视觉外观等。

结合本研究,我们进行如下设计:任务体验包含难度、流畅度和知识性等次维度;参与度包含沉浸度、紧张感、真实性等次维度;清晰度包含指令明确度这一个次维度;满意度包含美观度、画面清晰度、期望匹配度、使用及推荐意愿等次维度。除产品之外,被试还提出了一些对于 VR 设备的意见,主要包括舒适度、易用性和稳定性等设备性能方面的问题(具体访谈结果见表 7-3)。

表 7-3　访谈结果概览

主维度	次维度	正面评价	负面评价
任务体验	难度	难度合适,可以学到一些新知识	任务难度不平均; 任务难度太低
	流畅度	流畅度较好	电动车场景的流畅度不太好
	知识性	可以普及知识; 学到了知识	知识点较少且不全面; 大部分是旧知识; 知识灌输方式单一
参与度	沉浸度	沉浸度强,戴上眼镜后忘记了自己还戴着眼镜; 沉浸度不错	像看动画,不能深入地沉浸; 缺乏身临其境的感觉; 不会很沉浸,像是在模拟; 知道是在做任务,无法沉浸
	紧张感	有一点点紧张感; 看到火势时会有一点紧张	缺乏紧张感; 有一点紧张感,但和真实的恐慌有区别; 事先知道是体验,紧张感不强
	真实性	火灾场景逼真,令人不适; 有真实的感觉; 火和烟的场景比较真实	画面缺乏生活化; 画面不真实不自然; 背景音乐会让人感觉不真实

续表

主维度	次维度	正面评价	负面评价
清晰度	指令明确度	指令明确易懂	有必要增加指令； 指令太过详细； 地上的绿色箭头指令不明确
满意度	美观度	美观度较好； 美观度不重要，当前已达到期望； 细节设计较好	总界面较单调； 场景有点简陋； 配色需要改进
	画面清晰度	清晰度较高	清晰度不太高； 有时候有些模糊
	期望匹配度	能满足期望； 有满足感和成就感； 可以达到教育目的	知识不够全面，难以达到预期； 真实度较低，难以达到预期； 沉浸度较低，难以达到预期
	使用及推荐意愿	愿意使用	老年人可能不适用； 成本较高，难以大范围使用； 可能难以普及
设备性能	舒适度	没有不舒适； 只要调整好角度，基本没有任何影响； 整体感觉挺好的，不沉，无压力； 没有头晕，因为之前使用过	有一点重； 有点压鼻梁； 戴眼镜有点不方便； 长时间用会有眩晕感； 有点前重后轻； 有轻微压迫感
	易用性	手柄抓握非常习惯； 使用起来较为便利	返回键不够突出； 按键分布不太合理
	稳定性	没有故障； 总体稳定性较强	手柄的稳定性还需要改善

(一)任务体验

1.难度

大部分被试认为产品任务设计的整体难度合适,既可以学到新知识,也能比较快速地做出正确判断。有7位被试建议通过增加选项、增设场景等方式适度提高任务难度。

2.流畅度

所有被试均认为体验过程是流畅的。有2位被试表示希望画面能跟随其走动而变化,或者实现动作的捕捉。

3.知识性

有11位被试认为她们在本次体验中学习到了新的知识,这表明该产品能有效提升用户关于火灾逃生的知识了解程度。另6位被试提到体验中的逃生手段都属于火灾求生常识,仅能起到加强印象的作用,并且存在知识点不够详细、知识灌输方式单一等问题,需要在这些方面加以改善。

(二)参与度

1.沉浸度

在所有被试中,认为沉浸感强和沉浸感不足的大致各半。立体的火灾场景、真实感较强的烟雾及火势是被试认为沉浸感较强的主要原因;也有1位被试表示,她的沉浸感来自"清楚地认识到自己身处一个虚假的空间之中,因此能够更加投入地完成任务"①。

沉浸度不足的原因是多样的,如:"音效和背景音不符合现实且过于机械,会干扰人的注意力";"场景不够生活化,无法引发共鸣";"产品的交互性和赋予用户的自主性不强"等。

---

① 被试15,女,大一,之前使用过VR设备。

2.紧张感

有 2 位被试表示全程都保持着紧张感;5 位被试表示场景中的火、烟和爆炸画面会让她们产生恐惧感和紧张感,其余画面带来的紧张感不强;另 10 位被试表示在体验过程中不怎么感到紧张。有 1 位被试认为自己的“紧张感是来自完成任务的紧迫性,而不是场景和画面的压迫性”①。

7 位被试表示,因为知道自己并不是真的在经历火灾,所以心态上是比较放松的;2 位被试提到在完成任务的过程中,会有画外音进行提示,因此“相信自己一定会完成任务,所以不感到紧张”②;也有 3 位被试认为场景的真实性不足会削弱紧张感。

3.真实性

大部分被试认为火灾的场景比较真实,而火灾之外的场景真实性不足。有 3 位被试提到,除了火灾发生时的画面,其余的部分都像是动画,与真实生活不贴近,“虽然能够看出场景中的一些物品是立体的,但是设计比较简陋,给人的感觉像是模型,而不是真实的物品”③。但也有 2 位被试认为,作为一款体验类的 VR 产品,画面的卡通感更容易让人接受。3 位被试认为,画面的背景音是电子音,不够真实。

(三)清晰度

所有被试都认为从整体上看指令是清晰明确的,可以顺利地指引自己完成任务,但是也存在一些小问题。有被试指出地面“指示逃生方向的绿色箭头有些不太明确,可能让人忽视或不明白如何操作”④;也有被试认为在某些场景中有必要增加提示。有 2 位被试认为指令比较生硬直接,太过详细,交互性不足,缺少让体验者自行选择的设计,体验者的自主性受限。

---

① 被试 10,女,大一,之前未使用过 VR 设备。
② 被试 9,女,大二,之前使用过 VR 设备。
③ 被试 9,女,大二,之前使用过 VR 设备。
④ 被试 12,女,大一,之前使用过 VR 设备。

(四)满意度

1.美观度

大部分被试认为场景整体比较美观,2位被试表示自己并不是很在意画面的美观程度,只要有代入感就好。有1位被试认为场景设计注意到了一些小的细节,较为精细。也有少数被试认为"场景设计过于简陋、单调",不是特别美观。有1位被试认为"场景的配色还需要改进,可以更亮丽"①。

2.画面清晰度

超半数被试表示对画面的清晰度全程满意。有3位被试表示刚开始体验时画面不太清晰,适应后对清晰度表示满意。有1位被试表示"戴眼镜可能对清晰度有一定影响,在体验过程中视野一直不太清晰"②。

3.期望匹配度

13位被试认为这次VR火灾模拟逃生体验满足了她们的期望。有3位被试认为VR场景的真实度和沉浸度较低,难以达到预期。有1位被试认为该产品在知识性方面未能符合其预期。

4.使用及推荐意愿

17位被试中,有15位被试表示愿意推荐使用VR设备进行学校或社区的防灾减灾教学,主要原因是VR设备相比常规的防灾宣传方式具有更高的参与感。整体满意度和推荐度较高。

有1位被试提出,使用VR设备进行科普教学的时间、空间和金钱成本较高,因此该方式可能在短时间内难以普及③。1位被试认为,老年人等特殊群体可能不适合使用VR设备,"容易产生眩晕、恐慌的感觉"④。

---

① 被试6,女,大二,之前使用过VR设备。
② 被试16,女,大一,之前使用过VR设备。
③ 被试9,女,大二,之前使用过VR设备。
④ 被试11,女,大一,之前使用过VR设备。

(五)设备性能

1.舒适度

大部分被试认为总体体验感比较好,几乎没有感觉到眩晕。1 位被试提到“之前用 VR 眼镜看拍摄的真实场景的视频时会产生眩晕感,但这次却没有”①,推测可能是因为动画场景比拍摄的真实场景更稳定、更不容易引起眩晕。但也有被试提出,画面亮度过高时,容易让人产生眩晕感。

6 位被试表示头显有一定重量,有轻微压迫感,但可以接受。个别被试指出眼镜下方与面颊的贴合度还有待改善。几位戴眼镜的被试认为,佩戴设备后没有异样与不适感,但也有 3 位被试指出“戴眼镜后头显绑带松紧度不好调节”,而且“戴眼镜会影响到 VR 眼镜的摘取便利度”。

2.易用性

几乎所有被试都表示非常习惯手柄抓握的方式,使用起来也较为便利。但也有少数被试认为按键设计和排列分布存在问题,比如“返回键不够突出,在无法看到手柄按键的情况下,容易错按成 Home 键,影响其他的操作及使用”②。

3.稳定性

大部分被试认为设备的总体稳定性较强,使用时全程几乎没有出现任何故障,但是手柄的稳定性还需要改善,使用较长时间之后,手柄射线会出现焦点偏移的现象,需要重新对焦才能继续使用。

三、观察结果

除了问卷和访谈,在被试进行体验的过程中,研究人员也对其反应和

---

① 被试 15,女,大一,之前使用过 VR 设备。

② 被试 5,女,大二,之前未使用过 VR 设备。

行为进行了观察。

(一)任务体验

整体来看,所有被试均只接受了一次简短的设备功能介绍就可以自主完成全部体验内容,使用过程中基本不存在障碍,但存在一些小问题。有 2 位被试[①]在使用设备过程中出现停顿,但并未求助主试,而是通过自行摸索解决。这说明对于被试来说,该产品流畅度较强,自己可以顺利完成任务。

(二)参与度

在体验过程中,大多数被试都表现得平静、感兴趣且适应性良好。但是,有 2 位被试被音效或者大火突然蔓延的画面吓到并出现比较激烈的反应,甚至有 1 位被试摘下头显设备求助主试(随即自行平复情绪继续体验)。这说明该软件在音效设置方面存在一定问题,需要继续完善。

(三)清晰度

17 位被试中,有 13 位没有快速根据产品提示找到地面上的逃生箭头标志,而是直接走动,以至于撞到空间里的障碍物;部分被试在语音提示"根据指示路线前进"后仍然不知道如何操作,只得询问主试;有少数被试即使被告知要根据地上箭头指示进行相应手柄操作,但还是出现了走动的情况。这说明该软件还应当加强空间指示方面的明确度。

近半数被试在任务进行过程中并未仔细阅读文字内容和听取语音播报,而是选择直接跳过。在产品后续的完善过程中应当考虑到视觉阅读速度快于听觉的问题,尽量做到言简意赅,并且考虑以更加容易被用户关注的形式来呈现涉及任务执行的关键信息。

① 被试 1,女,大一,之前使用过 VR 设备;被试 4,女,大一,之前使用过 VR 设备。

四、设备性能

有 3 位被试[①]存在误按手柄按键的情况；2 位被试出现不确定哪个按钮是返回键需要主试引导的情况。这说明该软件在设计手柄功能时没有考虑到人的使用习惯，在易用性方面有待完善。

五、问题总结

综合每一位被试对产品提出的不满与建议，大致可以得知以下几个方面的问题：

(1)任务体验：产品涉及的知识稍显简单粗略，可以添加更多细节；

(2)参与度：存在电子音生硬跳脱导致参与感差、文字引导性过强而导致交互性低的问题；存在动画简陋、与生活实际不符、视角不匹配等导致真实度低、移动不符合习惯导致参与度低的问题；

(3)清晰度：部分指令不够明确；

(4)满意度：设备应用于教育所花费的时间、空间、金钱成本较高，特殊人群(如老年人)可能难以适应；

(5)设备性能：头显重量稍重，手柄按键区分不突出，手柄射线校准维持时间不长。

针对这些问题，我们总结了 5 条改进建议，在期待对该产品的改进有所帮助的同时，也期待 VR 行业在设备、造价、沉浸度等硬件、技术层面能够进一步发展，并在安全教育领域获得更大突破。

① 被试 2，女，大一，之前使用过 VR 设备；被试 4，女，大一，之前使用过 VR 设备；被试 8，女，大三，之前未使用过 VR 设备。

第四节　产品改进建议

一、合理设置任务难度,改善任务体验

任务难度过低难以让用户产生参与感和沉浸感,因此应适当提升任务难度。提升任务难度与增强交互性是相辅相成的。如果仅根据系统指示操作,交互性不强,任务难度低,用户体验感也不好。但是,任务难度过高,又背离了教育类产品的初衷。因此,应合理设置任务难度,这样既可以增强产品的交互性、改善用户体验,又可以让用户通过体验学习到更多的知识。

二、提升用户参与度

(一)加强场景及画面的生活化设计,提升用户参与度

一些被试无法沉浸于任务体验中,是因为场景和画面的真实性不强,偏向动画的设计易给人虚拟感、陌生感。在后续的设计和改进中,可以使画面更贴近生活、贴近实际,让用户觉得场景中的环境与自己的实际生活环境是相似的。

(二)增强体验过程中的交互性

现有的产品仍需提升交互性。除了必要的场外提示,还应当把如何选择和如何行动的权利交给用户,让他们自行去探索和体验。比如,在体验火灾逃生场景时,应当赋予用户更多的任务自主性,在完成任务时,让用户做出自己的选择,而不是直接由系统告知用户应当如何处理各类状况,这样有助于增强交互性、提升体验感,也有助于加深用户对于实际场景逃生知识的印象。

三、加强清晰度及指令明确度

对于执行任务的关键信息，应当以更加明确清晰的方式呈现，要能够准确吸引用户的注意力。对于一些不易被发现的指令及信息，要设置必要的提示。

四、考虑产品适用性，合理定位用户群体

应当考虑到 VR 产品的用户适用性，可针对特定的群体进行有针对性的调整。考虑到一些群体（如老年人）可能短时间内无法适应 VR 设备带给他们的体验，因此对于他们来说，采用 VR 的方式了解火场逃生知识是不现实的。同时，要考虑到 VR 设备在火场逃生教育应用中的成本问题，合理地进行使用。

五、完善设备性能，提供更优质的体验

（一）完善设备外观设计

头显和手柄的设计仍需要进一步完善。研发者应该考虑到戴眼镜用户和不戴眼镜用户的不同，以设计出适配性更强的头显。

（二）优化产品使用逻辑

被试在使用产品过程中普遍出现移动现象，说明操作手柄射线移动的设计并不符合用户在 VR 场景中的使用习惯，且提示不够明显，这很可能降低产品的沉浸度。在下一步的优化发展中，可以尝试将更多符合日常习惯与生活逻辑的操作融入 VR 体验中，如现实中的移动与场景中的移动相匹配、现实中的姿态（如弯腰）与场景中的视野状态相匹配等。

第五节　总结

目前学界对 VR 安全教育的研究主要集中在系统设计和研究综述两方面，较少关注用户体验。而本研究以 VR 火场逃生演练系统为例，使用 TECH 模型了解用户体验，通过问卷、访谈以及观察等定性、定量的方法，发现被试对该产品的总体评价是积极的：体验感较好，使用过程顺利流畅。视听结合的沉浸式火场逃生教育方式不仅使用户感到新奇有趣，增强了学习兴趣，还能让用户无须置身危险之中就能达到理想的培训效果，寓教于乐。然而，这一方式目前仍存在一些不足，主要体现为操作指示不明晰以及参与感欠佳。此外，VR 设备也有提升空间，例如设备略重、手柄按键区分度较低、射线校准稳定性待提升等问题。据此，我们建议产品应当进一步针对不同人群的特点和知识水平进行细化，提高人性化程度以及美观度、沉浸感，同时也要不断改善基础设备的性能。

第八章

老年人群 VR 影视用户体验报告

——基于技术接受模型

随着中国乃至全世界老龄化程度不断加深，VR 公司开始将目光投向极具潜力的老年市场。但关于老年用户如何看待 VR 产品、使用中可能遇到的问题，以及哪些因素影响了老年人群接受 VR 产品等方面的研究仍然缺乏。本研究采用技术接受与使用整合理论（Unified Theory of Acceptance and Use of Technology，UTAUT）模型，招募 45 位老人进行虚拟现实体验和半结构式访谈，从绩效期望、付出期望、社会影响、生理感受、享乐动机、性价比和习惯等方面了解老年人群对 VR 技术的主观体验和态度。结果表明 VR 技术的真实感与沉浸感、学习成本、性比价、生活习惯和佩戴设备过程中的生理感受都影响着老年人对 VR 技术的接受度。基于此，我们对 VR 技术在老年群体中的推广提出了一些可行性建议。

第一节　背景介绍

一、老年人口

《中华人民共和国老年人权益保障法》中将老年人定义为 60 周岁以上的人群。国家统计局发布的数据显示，2019 年末中国 60 岁及以上的老年人口数达到 2.54 亿，占总人口比例的 18.1%，65 岁及以上老年人口达到 1.76 亿，占总人口比例的 12.6%。《中国发展报告 2020：中国人口老龄化的发展趋势和政策》显示，人口基数大、发展速度快是中国人口老龄化的典型特征。中国最快将在 2022 年左右，由老龄化社会进入老龄社会。届时 65 岁及以上人口将占总人口的 14%以上，速度快于最早进入老龄社会的法国和瑞典，社会将不得不面对老龄化带来的一系列挑战。[①] 挑战往往伴随着机遇，就如近年来提出的“银发经济”一词，这意味着老年人的需求逐渐进入了人们的视野，并切实带来新的行业风向。QuestMobile 的数据显示，银发人口由于享有较为充裕的时间，对于陪伴类、娱乐类和资讯类产品需求突出，且他们资金基础较好，有较强的消费能力。[②] 而 VR 设备作为新兴的科技产品，在娱乐、旅游、健康、社交等领域都有所涉足，对改善老年人的生活质量具有重大的现实意义。

二、老年群体与虚拟现实技术

在生理层面，大多数老年人都存在新陈代谢放缓、抵抗力下降、生理机能下降等问题。[③] 而 VR 在医疗领域落地，可有效解决老年人的健康难题。在外科手术中，相关技术可以缓解疼痛，能在一定程度上代替药物治疗，也能在胃镜检查过程中分散患者的注意力，提高胃镜检查的舒适度，缓解担忧、恐惧等不良心理状态。同时，VR 训练比常规康复训练更能提高老年人的平衡步行能力。[④]

在认知层面，随着年龄增长，人的记忆力逐渐衰退，患上阿尔茨海默病的概率会大大增加，认知功能相应下降。VR 技术的出现可帮助老年

---

① 中国发展研究基金会.中国发展报告 2020：中国人口老龄化的发展趋势和政策[R/OL].(2020-06-19)[2021-03-10].https://tech.sina.com.cn/roll/2020-06-19/doc-iirczymk7921071.shtml.

② QuestMobile 研究院.QuestMobile2020 银发经济洞察报告[R/OL].(2020-07-13)[2021-03-10].https://www.questmobile.com.cn/research/report-new/115.

③ HelpAge International. Health and human rights of older persons: challenges and opportunities.[EB/OL].(2011-09-16)[2021-03-10].https://www.ohchr.org/Documents/Issues/OlderPersons/Right_tohealth_HRC16Sept2011-Helpage.doc.

④ 梁明，魏珍，谢荣，等.虚拟现实技术对老年人平衡功能康复效果的 Meta 分析[J].中国康复理论与实践，2020，26(3)：278-284.

人解决部分认知问题。Gamito 等人在对照实验后发现虚拟现实环境对老年人的认知、执行、注意力和视觉记忆较传统的认知干预更为有效。[①] Huang 也发现沉浸式的 VR 体验有助于改善老年人的特定大脑认知区域，提出未来的游戏若能创造更强烈的在场感，可以作为防止中老年人认知衰退的一种新策略。[②]

随着经济和社会资源减少、身体机能受限、亲属和配偶死亡以及家庭结构和流动性的变化，社会孤立和孤独成为老年群体面对的重要问题，并危害着老年人的身心健康。[③] 已有研究表明 VR 产品能够改善老年人的情绪状况，比如 Brimelow 等人对 13 名认知能力不同的老年人进行研究，发现 VR 产品能帮助患有严重认知障碍的老人改善冷漠情绪，使其变得更为积极，该研究证明了 VR 产品用于养老院的可行性。[④] 但 Liu 等人的研究发现，沉浸式 VR 产品能对年轻人的情绪产生很大的积极影响，但对老年人的积极影响较为有限。[⑤] 对于年轻一代来说，沉浸式 VR 产品比移动智能手机更能使人愉悦；相反，老年人相较 VR 产品更喜欢用智能手机观看 360°视频，他们认为智能手机观感更好，更能使其产生积极的情绪。由此可见，新颖和刺激的先进技术对老年人来说可能并不像对年轻人那样具有吸引力，也不一定能达到相同效果。这或许是由于 VR

---

① GAMITO P, OLIVEIRA J, ALVES C , et al. Virtual reality-based cognitive stimulation to improve cognitive functioning in community elderly: a controlled study [J]. Cyberpsychology, behavior, and social networking, 2020, 23(3):150-156.

② HUANG K T. Exergaming executive functions: an immersive virtual reality-based cognitive training for adults aged 50 and older[J]. Cyberpsychology, behavior, and social networking, 2019, 23(3):143-149.

③ COURTIN E, KNAPP M . Social isolation, loneliness and health in old age: a scoping review[J]. Health & social care in the community, 2017, 25(3):799-812.

④ BRIMELOW R E , DAWE B , DISSANAYAKA N. Preliminary research: virtual reality in residential aged care to reduce apathy and improve mood[J]. Cyberpsychology, behavior, and social networking, 2019, 23(3):165-170.

⑤ LIU Q , WANG Y , YAO M Z, et al. The effects of viewing an uplifting 360-degree video on emotional well-being among elderly adults and college students under immersive virtual reality and smartphone conditions[J]. Cyberpsychology, behavior, and social networking, 2019, 23(3):157-164.

产品在设计时对于老年用户的需求和使用考虑不足：目前的 VR 产品主要针对年轻群体，较少考虑老年人对于 VR 技术的看法和接受程度。若不针对这一问题加以探讨，就很难去改进，而这对 VR 技术的未来发展是很有必要的：决定其在人们的生活中究竟扮演着怎样的重要角色，能否真正意义上改善人们（包括特殊群体）的生活质量。这也是本次研究的意义所在。

三、UTAUT 模型概述与应用

本研究使用 UTAUT 模型了解老年人对 VR 技术的接受程度。UTAUT 模型是 Venkatesh 等人所提出的综合性模型，目前为预测和解释使用者接收信息和技术的可靠模型之一。[①] Venkatesh 等人基于对理性行为理论（Theory of Reasoned Action，TRA）、技术接受模型（Technology Acceptance Model，TAM）、计算机使用模型（Model of PC Utilization，MPCU）、计划行为理论（Theory of Planned Behavior，TPB）、创新扩散理论（Innovation Diffusion Theory，IDT）、社会认知理论（Social Cognitive Theory，SCT）、复合 TAM 与 TPB 模型（C-TAM-TPB）和机动模型（Motivational Model，MM）的深入研究，将上述 8 个模型中的自变量整合为 4 个核心变量，即绩效期望、付出期望、社会影响和便利条件。绩效期望是指个体认为使用系统能为工作带来帮助的程度；付出期望是指个体在使用系统的过程中所要付出的努力程度；社会影响是指个体对系统的使用受到周围群体影响的程度；便利条件是指个体所感受到的组织在现有技术、设备等方面对使用系统的支持程度。研究者还指出了对核心变量有显著影响的调节变量，即性别、年龄、自愿性和经验。

2012 年，Venkatesh 等人对 UTAUT 模型进行修改补充，提出了第

---

① VENKATESH V，MORRIS M G，DAVIS G B，et al. User acceptance of information technology：toward a unified view[J]. MIS quarterly，2003，27(3)：425-478.

二版 UTAUT 模型（UTAUT 2）[①]。UTAUT 2 模型重点关注消费者情境，在 4 个核心变量基础上加入了与消费者密切相关的享乐动机、性价比、习惯等 3 个新的预测变量。享乐动机是指由于使用系统而产生的乐趣和愉悦感对使用系统的影响程度；性价比是指产品的价格和价值影响个体使用的程度；习惯指的是个人先前使用系统的经验对使用新系统的影响程度。

已有研究将 UTAUT 模型应用于老年人与 VR 的相关研究中。比如，Asghar 等研究者使用 UTAUT 模型设计调查问卷，了解老年人对某远程辅助系统的评价，该系统旨在帮助用户寻找厨房物品，结果表明老年人认为系统具有可用性和易用性。[②] 相较于第一版 UTAUT 模型，UTAUT 2 模型的关注领域从组织环境扩展到了消费者环境，更适合分析消费者的技术接受和使用情况，比较适用于本研究，即探讨老年消费者对 VR 技术的态度及接受情况，因此本研究选取 UTAUT 2 模型作为指导模型。需要指出的是，UTAUT 2 模型将自愿性视为影响核心变量的调节变量，但由于大多数消费者行为是完全自愿的，故本研究剔除了作为调节变量的自愿性。

第二节　研究方法

为探索影响老年人群接受 VR 技术的因素，本研究采用半结构式深度访谈和主题分析作为主要方法。本节将介绍数据收集与分析方法、研究程序以及材料。

---

① VENKATESH V，THONG J Y L，XU X. Consumer acceptance and use of information technology: extending the unified theory of acceptance and use of technology[J]. MIS quarterly，2012，36(1):157-178.

② ASGHAR Z，KERANEN N，YAMAMOTO G，et al. Remote assistance for elderly to find hidden objects in a kitchen[J]. EAI endorsed transactions on pervasive health and technology，2017，3(12):153065.

一、数据收集与分析方法

本研究通过半结构式访谈进行数据收集，这么做是基于两点考虑：首先，虚拟现实技术属于新兴媒介技术，参与者对它的了解可能较少，访谈有助于在谈话中澄清一些概念；其次，以往研究发现，老年群体相较于其他群体更愿意接受谈话的方式，也更难理解结构性问题[①]。

在数据分析方法上，本研究使用主题分析（Thematic Analysis）中的演绎法（Deductive Methodologies）和归纳法（Inductive Methodologies）相结合的方法。主题分析是一种适合通过诠释来探索结果的研究方式[②]，研究者首先以先验的UTAUT模型的理论框架来分类数据[③]，然后将缩减后的数据以归纳的方式[④]不断形成各个因素下的次主题，以诠释影响老年人群对虚拟现实技术的接受的每个因素具体表现在哪些方面。

UTAUT模型在质性研究中常被用作指导框架，支撑质性研究中的问题建构、访谈数据编码和分析。Rempel和Mellinger借助自然主义实践方法（Naturalistic Work-Practice Method），使用UTAUT模型作为指导框架，对访谈结果等质性数据进行编码分析，其研究结果表明预期工作效率提升（Expected Productivity Increasing）以及感知易用性（Perceived Ease of Use）能够增强科研工作者使用文献管理工具的意愿。[⑤] Hyche通过UTAUT模型设计了定性集体案例研究方案（Quali-

① 周裕琼.数字弱势群体的崛起：老年人微信采纳与使用影响因素研究[J].新闻与传播研究，2018，25(7)：66-86，127-128.

② ALHOLJAILAN M I. Thematic analysis：A critical review of its process andevaluation[J]. West east journal of social sciences，2012，1(1)：39-47.

③ CRABTREE B，MILLER W. A template approach to text analysis：Developing and usingcodebooks[M]. Newbury Park，CA：Sage，1999：163-177.

④ BOYATZIS R. Transforming qualitative information：Thematic analysis and codedevelopment[M]. Thousand Oaks，CA：Sage，1998.

⑤ REMPEL H G，MELLINGER M. Bibliographic management tool adoption and use：a qualitative research study using the UTAUT model[J]. Reference and user services quarterly，2015，54(4)：43-53.

tative Instrumental Collective Case Study Research Design），从UTAUT 模型的结构概念和理论基础入手提出研究问题，并对半结构式访谈进行了文本分组及比较分析，以此探索农村用户对视频会议系统的接受度。① Gaviola 使用 UTAUT 模型作为概念框架，从其四个维度针对 10 位研究生的手机学习经验进行了采访，并基于 UTAUT 结构将数据进行了转录编码，对学生使用智能手机在线学习的情况进行分析。②

二、研究程序

本次调研在北京市有色金属研究院老年社区邀请了 60 岁以上、右利手、无心脏病史的老年居民参与。在参与者签署知情同意书之后，实验人员帮助参与者佩戴配置好的实验设备并观看大约 8 分钟的影片。观影之后，进行一对一的半结构式访谈。访谈围绕被试的主观体验与态度展开，主要包括以下几个方面：观看体验（心理与生理）、对 VR 技术的了解与期待、再次观看意愿、推荐意愿、以往媒介使用经验。访谈结束后，每位参与者能获得 50 元的奖金。最终有两位被试因眩晕未能完成体验，因此实际收集 43 份访谈录音，每份录音在 30 分钟左右。

三、材料

本研究使用的 VR 设备是 Pico G2 4K 眼镜。这款设备属于 VR 一体机，机身轻便，操作简单，更适合老年人群使用。其视场角为 101 度，刷新率为 90 赫兹。参与者观看的影片为《本色中国》，本片由《中国国家地理》影视中心出品，内容主要为中国的自然、文化景观。该影片主题为老年人群相对熟悉的中国各地风景，在情绪和表现手法上也平稳不刺激，以

---

① HYCHE H L. Exploring and understanding rural educator perceptions of a video conferencing technology system through the UTAUT lens[D]. Florida: Keiser University, 2018.

② GAVIOLA K W. Understanding student experiences using smartphones as learning tools [D]. Washington D.C.: Walden University, 2020.

观看为主，没有复杂的手柄交互，更适合老人体验。

第三节　分析及结果

本研究旨在探索影响老年人群接受和使用 VR 产品的因素，考虑到访谈对象的实际情况和研究目的，对 UTAUT 模型涉及的因素进行了一定改动和细化处理。研究将绩效期望定义为老人是否认为使用 VR 设备能提升观影体验，将付出期望定义为老人认为使用 VR 设备所需耗费的精力，将习惯定义为老人以往的媒介使用习惯对使用 VR 设备的影响，将性价比定义为老人认为 VR 设备是否值得购买；其余决定因素与第一版的 UTAUT 扩展模型一致，社会影响意为老人受周围群体的影响程度，享乐动机意为老人从 VR 设备中获得的乐趣。由于本研究针对的人群在年龄和经验等调节变量上比较一致，也未发现性别对接受情况的影响，所以去掉了 UTAUT 模型中性别、年龄、经验和自愿性四个调节变量。便利因素是指个体使用系统能够得到的支持程度。访谈中并未涉及有关推动老年人使用 VR 设备的便利条件，所以本研究未将其纳入研究范围。

此外，VR 技术可能带来的生理不适（如晕动症、设备过重等）是以往平面信息技术往往不会考虑的一项，而此次访谈中老年人对于 VR 设备的印象很大程度上与使用是否舒适、是否会引起生理不适相关，因此研究加入了一个决定因素“生理感受”，用来反映个人使用媒介时是否产生生理不适（修改后的 UTAUT 模型见图 8-1）。

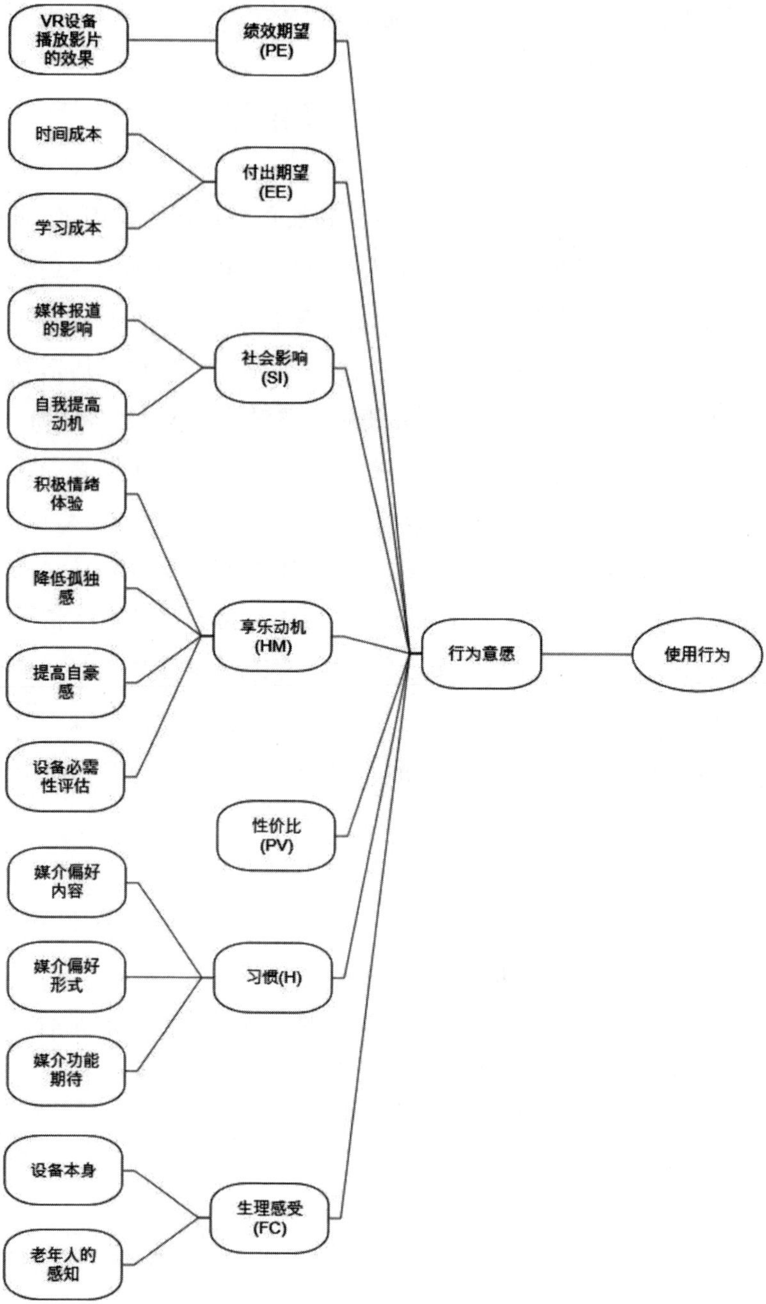

图 8-1　改进后的 UTAUT 模型

一、绩效期望

VR 设备播放影片的效果最能影响老年人的观影感受。在效果方面，老年人的评价主要集中在沉浸感、真实感的强弱上。

“沉浸式体验”是大部分老年人反馈的 VR 设备强于其他多媒体设备的特点。VR 设备能够打破时空的限制，通过沉浸化手段增强真实感和体验感，有很多老人反映“感觉就像身临其境一样，沉浸感特别强”“感觉是真的。你像福建的土楼，我们去过，一看这还挺真实的”。VR 设备播放的影片比传统的影片让人感觉更加真实，甚至比实地参观更有优势，因为可以提供新的观察视角，因此这种沉浸式体验可以帮助老年人实现旅行的愿望。“我想去看我感兴趣的，可能要贴近地看，旅游没法做到，虚拟现实就可以。”老年人也注意到了 VR 设备对于景色的美化、立体化作用。“因为黄山、庐山我都去过，包括甘肃的庙，实际当中确实也不错，但是就没有像影片当中那种特别美的感觉。”这些都表明通过 VR 设备观看是一种比较理想的观景方式。

部分老年人非常强调真实感以及在场感，例如，对旅行的要求不仅限于“观赏风景”，更在于体会当地人文特色。因此，这部分负面评价集中在“真实感不够强”上。比如，“我觉得它可能还不如我平时看的真实”“脚上没有那种实地感，就是脚踏实地的那种感觉……不能感受当地的那种文化氛围”。对真实性的要求还体现在对纪录片本身的内容上，部分老年人将媒介建构的世界与真实世界区分得非常清楚，如“我感觉不是视频给我创造了一个新世界，而是对实拍景色进行了加工”，这一评价明确指出了纪录片的美化效果。老年人在观看纪录片时会将其与真实状况进行比较，能清楚地分辨出美化和提升的地方。

二、付出期望

付出期望主要包括时间成本和学习成本两个层面。总的来说，老年人普遍表示该设备能够降低时间成本，但学习成本可能会相对升高。

由于该设备能够在一定程度上替代电影院放映，部分老年人表示时间成本要远比到影院看电影、到旅游景点实地参观等更低。“跟电影相比更方便一些。”“不用跑特别远的路就能看到，不会特别累。”

但也有老年人表示虚拟现实设备的学习成本对于他们来说相对较高。记忆力差、疲劳感强、无法集中精力都是老年人学习使用新设备时面对的问题。“刚才看得很累，跟着它来回转，身子吃不消。”“这个东西搁家里头，还得自己调，忘了就不会了。”

三、社会影响

社会影响方面主要指媒体报道的影响和老年人感知到的社会发展情况。由于 VR 设备尚未在市场上普及，因此老年人很难直接得知 VR 设备的使用情况，其大部分相关信息是从媒体报道中得到的。“现在还是想让更多人了解这个东西，就是因为它本身是个科技。……新闻里面看到过虚拟现实这个东西，但是就是看不懂。”因此，老年人的感受受周围群体的影响，也与媒体报道密切相关。

很多老年人表示，由于目前社会发展速度快、科技更新快，他们会因此产生被淘汰的压力，所以急需学习新鲜事物。VR 设备的学习与使用被部分老年人视为接触前沿科技、了解时代发展现状的一个方式。访谈中，有 15 位老年人表示他们能够积极接受新事物，也乐于学习、体验新事物，并将其作为主动与时代接轨的手段。老年人很有可能被阻挡在科技发展的潮流外，这种与时代、与小辈的代沟很容易使他们产生挫败感和消极的自我评价，因此如果有学习的机会，有一部分老年人是乐于在这方面提升自己的。有一位老人的叙述比较典型：“我的感觉就是自己太落后了，新的东西基本上就没见到。尽管是这个年龄，但是现在看着还有那么多东西需要我亲自去看，还有很多美景需要欣赏，还需要赶紧学习，这样就有了一种积极向上的心态。”从这个层面来看，老年人的心理状态和观念能够影响他们观看虚拟现实影片的评价，而观看虚拟现实影片反过来可以促进老年人改善情绪，产生积极向上的心态。这一部分老年人对于新媒介、新事物的接受程度相对来说会更高，他们对于虚拟现实是持有“学习”“了解”的积极态度的。

四、享乐动机

享乐动机指老年人从 VR 中获得的乐趣，主要表现为个人感觉使用 VR 设备对个人情绪和生活状态有所帮助的程度，包括积极情绪体验、降低孤独感、提高自豪感三点。

积极情绪体验主要由沉浸式体验、更广阔的视野和勾起回忆构成。前两者是虚拟现实观影带来的直观感受，由感官的舒适新奇的体验引发了自身的愉悦情绪；而“勾起回忆”则是大部分老人提到的重要一点，“帮我回忆了一下的感觉。回忆了一下已经去过的地方”，在这样的情况下，老人观看虚拟现实影片，实际上也是在积极回溯自己的愉悦记忆，这无形间产生了怀旧疗法的效果。怀旧疗法是一种得到国内外广泛证实的老年群体心理干预方法，指通过对过去事件、情感及想法的回顾，诱发其觉察到自己对家人、对社会的重要性，从而激发空巢老人的有用感，增进自我价值信心，帮助个体增加幸福感、提高生活质量及对现有环境的适应能力。[①] 针对老年人群的虚拟现实内容可以产生特定的疗养效果，充分发挥设备的特性。

针对降低孤独感，不同老年人有不同感受。首先，在谈及生活状态时，有一部分老年人明确表示该产品有一定陪伴功能，可以降低孤独感。但仍然有大部分老年人表示，生活是充实、繁忙的，他们会参与社区的集体活动，平时也与家人们共同生活，忙碌于家庭事务和外界人际交往，社会支持较强，因此并不会无所事事，也不会过度沉溺于虚拟媒介，他们是

① CULLY J A, LAVOIE D, GFELLER J D. Reminiscence, personality, and psychological functioning in older adults[J]. The gerontologist, 2001, 41(1): 89-95.

会明确将现实和虚拟世界区分开的。对于这类老年人来说,他们使用虚拟现实的动机更多涉及娱乐因素。由于他们在现实生活中已经有稳定的娱乐和交往活动,因此对于电子媒介的娱乐作用的需求相对较少。其次,当被问及“你认为这对于独身老人或居住在敬老院里的老人是否有陪伴作用”时,受访者的态度并不相同。一部分老年人认为这可以有效缓解孤独感,起到陪伴作用;另一部分老年人持相反观点,原因主要有三点:第一,从虚拟现实设备的虚拟性出发,认为虚拟不能完全替代现实;第二,由于虚拟现实设备社交性弱,无法真正与用户产生沟通和交流,观看虚拟现实影片也不能代替真实的陪伴;第三,考虑到敬老院老人的实际状况,认为身心状况不良的老人娱乐和了解新事物的动机不强,因此用虚拟现实设备来娱乐的可能性很小。

自豪感包括对祖国山河景色的赞美以及对国家科技发展速度的赞叹,两者同属于老年群体的民族和国家认同感的体现。大部分老年人表示,观看虚拟现实影片能够使他们感受到“对祖国山河景色的自豪感”以及“对国家科技发展水平的赞叹”。比如,“就是感觉中国有大好河山,看到很为祖国感到自豪”“感觉比较骄傲。看了这个片子以后,我觉得中国发展太大了,特别快”。老年人对于祖国、民族身份的认同感相对来说都比较强,对于科技进步和发展也都持有支持的态度。

虽然 VR 设备的娱乐性能够促使老年人接受和使用 VR 设备,但是,还有部分老年人的娱乐性动机并不如实用性动机强,所以他们可能不会使用 VR 设备。有部分老年人表示,他们考虑更多的是“是否必需”。相应的,他们也认为 VR 设备的娱乐价值更大一些,但“娱乐性”在老年人的叙述中往往与“实用性”相对,如“消磨时间”“单纯作为一个娱乐设备”,因此这些老人也会做出“它不是必需的”“我觉得没有广播电视方便,也不能看新闻”这类判断,在权衡娱乐性和实用性时,这部分老年人更倾向于实用性,使用虚拟现实设备的动力相对不足。

五、性价比

整体来说，老年人大多期望价格能够与他们对该设备的评价相匹配，并保持在一个相对合理的区间。

对于那些将设备定义为“有趣的消遣品”的老年人来说，他们很乐意购买在适当价位的虚拟现实产品，“因为现在我们年龄也大了，自己都有退休费。如果身体好好的，其实钱不是问题”。但也有一些老年人由于产品价格与预期不符，考虑到“非必需品”的性质，对购买设备比较犹豫。在这部分老年人看来，VR 设备目前还并非“不可替代”的产品，他们更乐意选择更普及、他们认为“性价比”更高的电视、手机等媒介产品。“要特别贵的话，我就看电视了，电视没有那么清晰，可是也能看。”

六、习惯

习惯与老年人以往的媒介使用偏好密切相关，在访谈中，很多老年人会用他们熟悉的媒介形式和 VR 设备进行比较，并依据经验评价 VR 设备。

受访老人对于媒介的偏好有内容和形式两个层面，从内容上来说，有 18 位老人在访谈中表示更希望能够看到新闻，而电视剧、纪录片、体育赛事也是老人比较倾向的媒介内容。这首先与老人对媒介的固有印象有关，“新闻”与“媒体”在他们的认知中是密切相关的。另外，从内容特点上来说，老年人也偏向于更真实的内容，这也导致他们对于作为本次实验材料的纪录片《本色中国》要求比较苛刻：“原始的它（大自然）没有这么美，但我还是愿意欣赏原始的大自然。”

老年人也更偏爱叙事平稳、节奏缓慢的内容。不少老人在观看虚拟现实影片的时候提到了纪录片的节奏太快，跟不上内容切换速度的问题，“我觉得这刷一下就过去了，镜头换得太快”，这使得他们“看不到细节”，还会导致心理上的“慌张”“困惑”等，造成相对消极的观影体验。在体验中，老年人如果感觉对 VR 设备的使用超出了他们的经验，他们就可能感到紧张、迷惑："转身去看后边，不知道是听还是看。那时候也没听清楚，字也没看清。关于文字信息还是没有太明确地接收到。"

在媒介功能方面，老年群体更喜欢操作简单的、能兼顾其他活动的媒介，而不需要过度沉浸和刺激的媒介体验，也不喜欢过于复杂的功能，在以往很多有关中国老年人新媒体使用情况的研究中都有类似的内容①。他们认为虚拟现实设备使人局限在那个小的视野里，不能几件事一起做，也不能和家人进行交流。尽管现在沉浸式虚拟现实新闻和虚拟现实比赛都有所发展，但很多受访者提出他们观看新闻和比赛并不需要身临其境，因为这让他们觉得危险和混乱，"我会觉得有一种代入感，但是感觉在里面是很累的""我又不想坐主持人边上似的"。

七、生理感受

生理感受主要与设备本身和老年人的感知有关。老年人的感知又与实际身体状况和心理评估相关。

部分老年人在使用时都提到了 VR 设备"比较重""耳机声音有点吵"，这属于设备开发仍需继续改良的地方，这些问题容易导致"戴着容易累""看久了眼睛疼"的感受。

考虑到老年人普遍的身体状况，如何使虚拟现实体验更适配老年人的耐受力或者舒适区，是很重要的问题。不过，舒适与否不仅仅由生理条件决定，也与老年人的主观评估有关系。与客观的身体排斥相比，主观的心理排斥是更大的障碍②，如果老年人认定虚拟现实设备会造成身体不适，客观条件对其说服力就比较微弱。研究认为舒适度这一因素也将成为现阶段较大的突破口。

---

① 张一丹. 老年群体媒介使用现状调查研究[D].西安：长安大学，2019.

② 周裕琼.数字弱势群体的崛起：老年人微信采纳与使用影响因素研究[J].新闻与传播研究，2018，25(7)：66-86，127-128.

这个维度有两个层面，一个层面属于实际感受，主要集中在设备重量负担和眩晕感两个因素上。“捂着太热，刚才戴着我就觉着眼睛真就出汗了。要是薄一点的话也是可以的。”“这个戴着太重了太累了，眼睛特别累，它是这种捂着的，特别不舒服，这样一直捂着怕捂出什么病来。”眩晕感如“看的时候有点晕”“一个是太吵，一个是转得太厉害了，转不过来，有点头晕”，这种眩晕感很大程度上影响了老年人对虚拟现实体验的评价。另一个层面则是想象层面，有些老年人会对他人的使用作出假设和预判：“我就想到可能有一些心脏不太好的人，从高空一下子俯冲下来，会有点失重的感觉。”“但是我就是觉得可能会有人晕，我觉得有的人受不了。”一些老年人也会基于对电子媒介的刻板印象，对所有新的电子产品抱有一种模糊的否定态度，如“这种现代的东西，对身体都有影响”。想象层面对于风险的预判同样有可能造成使用者对虚拟现实体验的评价不佳，由于这部分使用体验涉及个人的固有观念，因此设备在这方面作出进一步改良的难度是比较大的。

表8-1　基于UTAUT模型的老年群体对虚拟现实技术的接受程度影响因素

影响因素	定义	例子	
		正面	负面
绩效期望(PE)	老年人是否认为使用VR设备能提升观影体验	• VR这个设备把这个景拍得更立体化了，它更加美丽了。 • 故宫已经去过好多次了，都是人山人海，用VR可能会更清楚一些。 • 我想去看我感兴趣的，可能要贴近地看，这个实际旅游就没法做到，VR就可以。 • 看这些都还是会有代入感的，它更真实，就好像亲自在景色中。	• 我觉得它可能还不如我平时看的真实，有一些东西完全接触不到，没有那种真实的感觉。 • 脚上没有那种实地感，就是脚踏实地的那种感觉，不能感受当地的那种文化氛围。 • 它不像广播电视这种，就是它不是这种必需的。 • 我觉得《新闻联播》就不适合用它来播，我又不想坐主持人边上，就像我看一场球赛，没必要感觉自己也在里面。 • 开个电视看个球什么的，而且还可以兼顾其他的事情，没必要弄得身临其境。

续表

影响因素	定义	例子	
		正面	负面
付出期望(EE)	老年人认为使用 VR 设备需耗费的精力	• 还是挺简单的,不是那么复杂的,我觉得还可以。 • 什么东西在家就能看了,你不用上电影院。 • 你要是那种很方便、便携的那种,我可能就是走到哪儿什么的,或者外出玩的过程中,可能觉得该休息了,又没有其他的事干,我就观看一段这个。	• 看电视不会觉得影响运动,也不晕,那你干件事,你这整个人必须精心地进入这里。 • 刚才看得很累,跟着它来回转,身子吃不消。 • 现在你网上看看新闻什么的,这些都很方便,这个没有那么方便。 • 这个东西搁家里头,还得自己调,忘了就不会了。
社会影响(SI)	老年人受周围群体的影响程度	• 在商场里边,有摆放着让人体验的机器,感觉比这个眼镜更高级一些,舒适度要高一些。 • 现在还是想让更多人了解这个东西,就是因为它本身是个科技。 • 新闻里面看到过 VR 这个东西,但是就是看不懂。 • 将来你的家乡在变,整个的河南到整个全中国都在变,应该是越变越好,对不对?我们都要顺应这种前进努力的方向。包括看这种也是,我们老年人也要主动接触新事物。	• 这种现代的东西,对身体都有影响。 • 这个又不像电视那么普及。 • 也没有体验过什么,也不关心,说实话就知道接送孩子做饭,看看手机。 • 就耽误事儿,就跟着迷似的,有时候包括现在小孩,像我们家孙子也是,把手机拿回来,他就没完没了的。 • 我不孤独。比如我现在在老年大学学画画,我花两个小时染色以后看画的效果,我会觉得时间很快就过去了。

续表

影响因素	定义	例子	
		正面	负面
享乐动机(HM)	老年人从 VR 设备中获得的乐趣	• 如果单纯地作为一个娱乐设备,会有助于缓解部分孤独、没有事情做的感觉,就像是跟着游山玩水走遍全国,很好。 • 一下子心情就变好了,它这个视频把我带进里头去了。 • 这个东西纯粹就是个娱乐的,就是你做好了片子我们来享受,就是那种感觉。 • 看了这些风景以后还是想多活几年,感觉挺好的,心烦啊烦躁啊这些负面的情绪都没感觉了。	• 我觉得没有广播、电视方便,也不能看新闻。
性价比(PV)	老年人认为 VR 设备是否值得购买	• 我觉得任何人都会想买这么一个玩的。如果价格便宜点也更好,如果贵的话可能就要考虑考虑。 • 因为现在就是一般的像我们这种年龄,孩子也大了,我们自己都有退休费。如果身体好好的,要是光吃,你敞开了吃能吃多少?所以其实钱不是问题。	• 这终究不是必需品,对吧?高兴的时候我只能说解心宽了,您价位合适我还能买,我要连饭都吃不上,我怎么进行消费?这种还是消遣。 • 还是钱吧,觉得价格比较贵。 • 要特别贵了的话,我就看电视了,电视就是说它图案没有那么清晰,可是它也能看是不是?

续表

影响因素	定义	例子	
		正面	负面
习惯(H)	老年人以往的媒介使用习惯对使用 VR 设备的影响	• 那太多了,包括电脑的很多功能。现在我们只是一般地查询点资料或者搞个会声会影、编个片子。 • 我不用手机看,我一般都用电视、电脑,因为电视、电脑屏幕大,我是笔记本接上线,搁在电视上看,那电视也大,坐远点。 • 天天爱消除,我就沉迷了五年了。	• 我说它不是(必需的)是因为老年人喜欢的是平平静静的、安安稳稳的,(不是)这样的慌慌的。 • 平常我看电视,就是觉得我自己就是我自己,融不到一起去。 • 我平时喜欢看新闻,新闻也是一样,我听一听。看不见我能听见,我还不耽误干活,就这种情况。
生理感受(FC)	老年人使用 VR 设备时是否有生理不适	• 我们这现在岁数大了,以后看电视都觉得有点不清,反正没有这个看着清,其实这个 VR 看着挺好的,我就感觉挺舒服。 • 总看电脑、手机屏幕上的字,看着眼睛不舒服,但是体验 VR 的时候,我觉得观看的感觉挺舒服的。	• 我就想到可能有一些心脏不太好的人,从高空一下子俯冲下来,会有点失重的感觉。 • 可能时间长了,对于老人来说难以接受,容易晕。 • 这个戴着太重了太累了,眼睛特别累,它是这种捂着的,特别不舒服,这样一直捂着怕捂出什么病。 • 有时候血压可能都要升高。

第四节　产品改进建议

基于以上分析,本研究从用户访谈资料中总结了虚拟现实设备在老年人群中应用还存在的问题，并且针对问题提出了一些改进的意见。

一、设备轻薄化

在佩戴设备过程中，有些老人在自行佩戴时提出 VR 设备重量较重的问题，较重的设备可能会导致一些老人身体不适。另外，由于 VR 设备多是头戴式的，设备会较紧，老人很难进行调节，这些方面的改进均可以通过进一步将设备轻薄化实现。

轻薄化的虚拟现实设备同时能够满足老年人对于便携性的需求。老年人往往用手机等新媒介做类比，希望 VR 设备能够做到像手机那样方便携带和随时观看，进一步降低设备对时空的要求和场地限制。

二、增强操作性

尽管实验中有一些老年人表示整体操作还是比较容易的，但仍然有部分老年人表示因为记忆力有限，无法适应高科技含量的产品。如果 VR 设备给老年人留下难操作的不良印象，感知易用性会相对下降，进而阻碍老年人实际购买、应用和操作 VR 产品。相较于年轻群体来说，老年群体对于新事物的认知、接受会更加困难，这就需要推出适合老年人使用的设计，来帮助他们更好地掌握产品。

对于声音的设置同样也有操作性问题。受访老人对于声音的需求各不相同，为满足不同老年人的需要，可以考虑设置声音按键。考虑到老人很少使用耳机，未来可以采取遥控式调节。

高操作性还体现在强交互感上。本次实验仅利用虚拟现实设备播放纪录片，但事实上很多老年人对于纪录片中展现的景色有“探索”的需求，不满足于仅仅观看几秒钟、几分钟的全景，更希望能够通过个人操作参与到对机器的控制中。这一方面可以提高老年人对设备的控制性，以降低他们对虚拟现实设备的陌生感和恐惧感，另一方面也可以展现机器的交互性。

另外，设置片子观看提醒也是一种方式。例如，对有可能造成眩晕的角度、片段进行提醒也能够增强设备的可操作性，帮助老年人根据自身情况选择，同时也能保证老年人可以挑选自己喜欢的片段，或规避引起不适的片段。

三、增加社交属性

全景视频虽实现了视角上的自由，但视频内容、视频节奏、时间长短受到一定的控制，在观看纪录片的过程中，老人容易缺乏真实感和在场感，难以感受到当地文化氛围。还有部分老年人表示，这种观看形式无法替代真实的陪伴，现实生活中的社交很难在虚拟现实中得到展现。但如果研发社交性更强的功能，如通话、多人游戏等，虚拟现实设备很难替代在这些领域已经有一定成就的其他媒体，无法常态化使用，尤其是对接受新事物较慢的老年人来说。

另外，现有设备很难同时实现轻薄化与社交化，在开发更强大的功能属性的同时，设备的重量和体积可能无法达到理想效果。

小组基于以上考虑，提出设置非玩家角色（Non-Player Character，NPC）互动环节，将设备的控制权和操作权部分转移到老年人手中，通过在场景中增加虚拟角色与老年人对话、提示老年人操作等设置，一方面降低老年人的“科技恐惧”，另一方面也能够通过 NPC 的发言弥补之前老年人反映的“当地文化感不强”“人文气息不够”的问题。在技术足够成熟后，场景内可提供多人用户互动的选择，通过用户的互动来增强社交属性。

四、开发适配老年人的内容

（一）题材选取

上文中的媒介使用习惯表明，惊险的场面、灾难性新闻场景等虽然适合用全景式虚拟现实手段展示，但可能不适合老年人群体。但风景片、纪录片也不能满足所有老年人的需求。也有老年人希望可以自主选择播放的视频类型，针对这一点，可以考虑设备外接U盘等，满足老年人主动挑选影片的需求。

（二）保证内容质量

将VR设备与其他媒介区分开来的，不仅仅是产品设备的沉浸式、全景式体验和广阔视角，内容与形式的配合同样重要。老年人需要有连续性的而不是短平快的媒介内容，他们对内容更丰富、更详细的产品更有信任感和认同感。

质量的保证同时体现在对视频的精细化处理上。多数老人对设备的不满源于设备视频内容切换迅速，场景转换频繁，难以跟随。结合老年人的媒介使用偏好，可以考虑进一步减缓视频的节奏，在剪辑时注重前后的连续性，增加提示语等，以帮助老年人适应内容的变化和跳跃。

（三）分类式研发

不同老年人的身体状况和心理接受情况均不相同。基于此，可以考虑面对不同群体进行不同的虚拟现实视频产出。一部分身体较好的老年人可能对于实验用虚拟现实设备没有产生任何不良反应，他们也会对设备提出更高的“沉浸感”需求，如提供多感官（包括听觉、触觉等）刺激。

但也有老年人在使用过程中出现了明显的不良反应，包括头晕、眼睛疼等，针对这类老年人，可以考虑研发更加平缓的视频，或设置“平稳模式”“老年人模式”，进入此模式即可放缓片子播放速度，放缓镜头切换速度，自动去除刺激性较强的镜头，以这种方式满足这部分老年人的需求，提高设备和内容的针对性。

（四）修复漏洞

在全景式体验中，不少老人会感受到画质的跳跃和影片中出现的“漏洞”，这会减弱沉浸感，这类问题是前期技术开发时出现的漏洞导致的，包括画质、配音、缝合漏洞等，经过用户反馈后，需要及时修复。

第五节　总结

虚拟现实技术为老年人接触世界提供了一个新的窗口，在帮助老年人保持良好心理状况及缓解认知衰退方面提供了媒介支持，日益庞大的老年群体也在虚拟现实市场中显现出强大潜力。但关于老年群体对 VR 设备的技术接受问题缺乏足够的相关研究。基于此，本研究利用主题分析法，在改良版 UTAUT 模型的绩效期望、付出期望、社会影响、享乐动机、性价比和习惯方面研究了影响老年人接受 VR 技术的因素，另外考虑到老年人对设备使用过程中舒适度的需求，加入了生理感受这一维度。综合分析访谈结果，本研究发现老年人会基于自身的媒介使用习惯、VR 设备学习成本、使用 VR 设备观看电影的获得感、价格和使用舒适度方面得出自己对 VR 设备观影的评价。同时，由于老年人群的特殊性，有些通常被视为 VR 设备优点的特质反而可能降低部分老年人的体验，比如沉浸感强、节奏快等。小组最终针对访谈结果总结出了目前 VR 设备存在的一些不足，并提出了相关建议。整体而言，VR 设备在老年群体中尚有可推广和发展的空间，针对老年人的 VR 产品需要综合考虑老年人的生理和心理特点，可从设备承载内容、硬件开发上提升 VR 设备的可用性和易用性。

第九章
VR影视作品（动画电影、真人电影）用户体验报告

VR影视作品改变了传统电影的观看方式，以优越的沉浸感和互动性给用户带来不同以往的感官享受与体验。随着VR影视作品的发展，用户对优质内容的需求在提升，其需求及体验需要被进一步探索。本研究招募12名志愿者观看两种形式的VR影片：动画电影和真人电影。志愿者观看后填写问卷，反馈对电影的满意度，并在之后的一对一深度访谈中详细阐述其观影体验。据此，研究者对比用户在观看VR动画电影与VR真人电影后的体验差异，总结VR影视作品的使用场景需求和现存不足，并提出相关改进建议。

第一节 背景介绍

一、行业现实

随着VR市场逐渐成熟，用户群体逐渐扩大，内容需求也不断增加。艾瑞咨询2017年的数据显示，VR消费级内容市场在2019年后进一步扩大，预计在2021年，中国市场规模有望达到278.9亿元。其中，影视产品占比将超过30%，达到87.9亿元的规模。[①]

在VR影视内容的生产与分发环节中，兰亭数字和爱奇艺是国内领

① 艾瑞咨询.中国虚拟现实（VR）行业研究报告：市场数据篇[EB/OL].(2017-06)[2021-03-09]. http://report.iresearch.cn/report_pdf.aspx? id=3016.

先的 VR 厂商。兰亭数字善于在内容生产方面进行技术开发与创新，在电影制作方案、实景拍摄技术、后期影音加工等多个方面获得过四十项专利；爱奇艺则依托丰富的知识产权（Intellectual Property，IP）资源和影视制作经验，推出多部 VR 影视作品，并利用自身的平台优势进行大面积推广。在行业领头羊的推动下，VR 影视行业将日益发展壮大，为更多消费者提供丰富的内容产品。①

二、相关研究

在学术研究方面，近些年学者对 VR 影视作品特点的相关讨论主要集中在两方面——VR 影视作品的技术特性和 VR 影视作品的叙事特征，因此本文主要从这两个方面来总结 VR 影视作品的特点。

（一）VR 影视作品的技术特性

沉浸性：VR 影视作品的沉浸性主要体现在对感官体验的提升方面。VR 影视作品需要使用全景相机、动作捕捉系统或数字建模等专业设备进行拍摄制作，这样传统电影中的二维平面就可变为三维立体画面。从视觉上来说，这使观众能够置身于 360°的全景环境中，打破了观众与舞台之间的“第四面墙”，从而制造出一种身临其境的在场感；此外，听觉因素在 VR 影视作品中的作用凸显，立体环绕音响系统将声音与空间结合，使“声源”这一因素参与到影视创作中，进一步提升了观影的真实感。VR 技术的发展完善，也使更多感官因素参与到 VR 影视作品中成为可能。

交互性：在 VR 影视作品中，观众可以自行选择观看角度以及所处位置。在与虚拟环境的交互中，观众获得了影像调度权，这是 VR 影视作品明显不同于传统影视作品的重要特性。根据交互程度和数量，可以把 VR 影视作品中的交互分为三种：第一，全景交互，观众可以通过自由转

① 艾瑞咨询.中国 VR 营销趋势前瞻报告[EB/OL].(2016-09)[2021-03-09].http://report.iresearch.cn/report_pdf.aspx? id=2686.

动来选择观影视角;第二,剧情交互,观众在进行全景交互的基础上还能参与剧情发展,影响剧情走向;第三,完全交互,观众成为故事的掌控者,可以决定故事的发展方向和结局。[①]

(二)VR影视作品的叙事特征

借助引导体系进行叙事:在VR影视作品叙事中,良好的引导体系是不可或缺的。观众在VR影视作品中获得交互自由的同时,也面临着"迷失"的风险,良好的引导体系能使观众时刻知道该在何时看向何处,从而保证叙事表达的完整性和清晰性。[②] 从认知层面来说,引导体系还应该帮助观众确立自我身份——是故事的旁观者抑或是故事人物中的一员,从而使观众更好地理解剧情逻辑。建立引导体系可借助多种表现形式,包括镜头、色彩、光线、声音等元素,并且要自然巧妙地使其融入剧情,不可过于生硬,影响观众的沉浸体验。

在与环境的交互中完成叙事:与环境进行交互是VR影视作品与传统影视作品拉开距离的关键所在。[③] 在VR影视作品中,观众不再是环境信息的被动接收者,而成为主动探索者,这有助于观众熟悉虚拟环境,理解角色行为。在更高程度的交互中,观众更是叙事的参与者,故事将由创作者与观众共同"书写"。总之,VR影视作品的叙事重心"从故事和讲述的设计转移到了环境和互动的设计"[④],这是VR影视作品的变化趋势。

镜头语言弱化,蒙太奇失效:VR影视作品中,360°全覆盖的拍摄使一系列传统的镜头语言,如景别、景深、焦点变化、场面调度等难以发挥作用,而且全景相机在镜头运动中灵活性不足,推拉摇移等镜头运动也不可

① 张婷婷,田丰,吕炜,等.VR在交互影视与游戏领域的应用综述[J].上海大学学报(自然科学版),2017,23(3):342-352.

② 代钰洪,杨磊.虚拟现实影视叙事特性的引导体系研究[J].当代电影,2018(10):158-161.

③ 田丰,傅婷辉,吴丽娜.VR电影与传统电影叙事时空比较研究[J].北京电影学院学报,2020(11):36-47.

④ 秦兰珺.互动和故事:VR的叙事生态学[J].文艺研究,2016(12):109.

用。目前，大多数 VR 影视作品主要使用长镜头和固定镜头，以减少镜头运动造成的观众眩晕，镜头语言被大大弱化。此外，VR 影视拍摄以场景为单位，以往高密度的镜头切换剪辑和基于镜头排列组合的蒙太奇手法也都难以用于 VR 影视作品。[①]

总的来说，VR 影视具有良好的发展前景，学界对 VR 影视的研究视角也在不断扩宽、深入。但是，VR 影视仍然面临巨大的挑战——行业难以生产出足够优质的、吸引消费者的内容，“即使不少作品得到了各大专业电影节的认可，也捕获了专业人士的注意力，但都没有办法与传统影视的强大叙事能力相媲美，也很难进入大众娱乐产品的消费领域”[②]。VR 影视行业的健康发展需要影视作品的数量与质量并驾齐驱，什么样的内容才能真正吸引消费者？这还需要从用户的角度出发去深入探索。因此，本章通过小样本的访谈调查，了解用户对 VR 影视的真实需求和感受，以期为 VR 影视相关行业提供意见参考。

第二节　研究方法

为全面探索用户对 VR 影视的体验和需求，本研究选取两种不同的 VR 电影：动画电影与真人电影。动画电影（animated film）是与真人电影（live-action film）相对的概念，前者是对现实的提炼与再造，而后者是对直接现实的观照；此外，它们迥异的视觉效果、情节特色共同组成了电影的基本形式。Joseph E. Champoux 比较两种电影形式并提出，动画电影与真人电影从属于不同的媒介形式，其呈现的符号系统不一样，因而观众的认知过程也有所区别。[③]

① 何圣明.VR 技术对影视语言的全新改变[J].戏剧之家，2019(12)：87-88.

② 张敏.虚拟现实 VR(影视)内容的发展现状和瓶颈[J].中国广播电视学刊，2017(9)：66.

③ CHAMPOUX J E. Comparative analyses of live-action and animated film remake scenes: finding alternative film-based teaching resources[J]. Educational media international, 42(1): 49-69.

因此，本研究结合问卷调查和半结构访谈这两种定性和定量的方法，通过问卷了解用户对动画电影和真人电影在影片清晰度、内容吸引力方面的评价，并通过访谈对比用户对两种 VR 电影在情绪感受、生理感受、沉浸体验、自我身份、互动性等五个方面的观影感受。

一、设备与素材

本次采用 Pico G2 头戴式 VR 设备进行研究。

(一)影片选取

在影片选取环节，本次采取控制变量原则，最终选取了 VR 动画电影《飞行员的梦》(*Aripi*)和 VR 真人电影《灰飞烟灭》(*Ashes to Ashes*)。选取原因如下。

第一，两部影片均有一定品质保证。《飞行员的梦》是东欧国家摩尔多瓦借助虚拟现实技术创作的第一部动画电影，斩获了 2020 基辅国际电影节最佳动画电影奖、德国法兰克福光影电影节(Lichter Filmfest)VR 故事奖等多个奖项。《灰飞烟灭》则是一部超现实悲喜剧，11 分钟一镜到底的镜头力图令观众沉浸在一个功能失调的家庭故事中，获得了荷兰 VR 大奖金奖，并提名荷兰电影节金牛犊奖。此外，发布于《视听》的《〈灰飞烟灭〉：VR 影片中的“沉浸”与“间离”》[①]一文对该部影片表达了高度关注，做出了详细分析。因此可以说，实验选取的影片较有代表性。

第二，影片均易获取。实验所选两部影片均可在 VeeR 平台购买，且资源足够清晰。有些同样优质的影片，例如极具 VR 特色、互动性极强的《亲爱的安杰丽卡》(*Dear Angelica*)曾在第八届北京国际电影节展映，但无法在本实验选取的设备上购买观看。与之类似，因平台限制而无法获取的还有爱奇艺 VR 出品的《杀死大明星》，这部 VR 互动沉浸电影于 2020 年 9 月获得第七十七届威尼斯国际电影节“最佳 VR 故事片”奖，是

① 宋诗怡.《灰飞烟灭》：VR 影片中的“沉浸”与“间离”[J].视听，2020(8)：98-99.

中国内地首部在国际 A 级电影节获奖的 VR 作品，非常具有代表性，但是却无法检索获得。渠道过少等实验条件部分限制了选片空间。

第三，两部影片时长都在 10 分钟左右，信息量相当。

(二)影片简介

动画电影——《飞行员的梦》：故事的主人公 Aripi 是一名宇航员，电影以 Aripi 的梦境为线索，梦中他幻想自己成为一名飞行员，故事中穿插了他在太空修复飞船时不慎坠落的惊险情节，整个故事既惊险刺激又充满童趣。

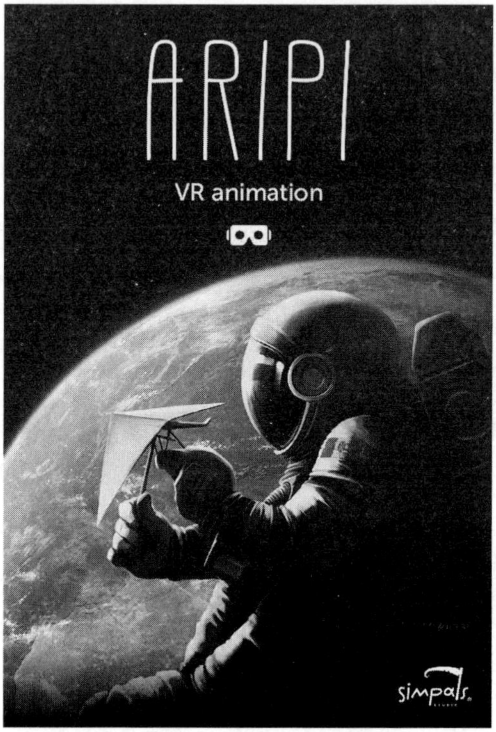

图 9-1 《飞行员的梦》海报[①]

① 豆瓣电影. Aripi[EB/OL].(2020-03-10)[2020-10-14]. https://movie.douban.com/photos/photo/2622832029/.

真人电影——《灰飞烟灭》：这部电影以戏中戏的方式讲述了一个充满内部矛盾的家庭处理已逝父亲骨灰的故事。故事的场景设置在一个摄影棚中，将观众的视角设置在骨灰盒上，让观众目睹家庭内部的矛盾冲突。

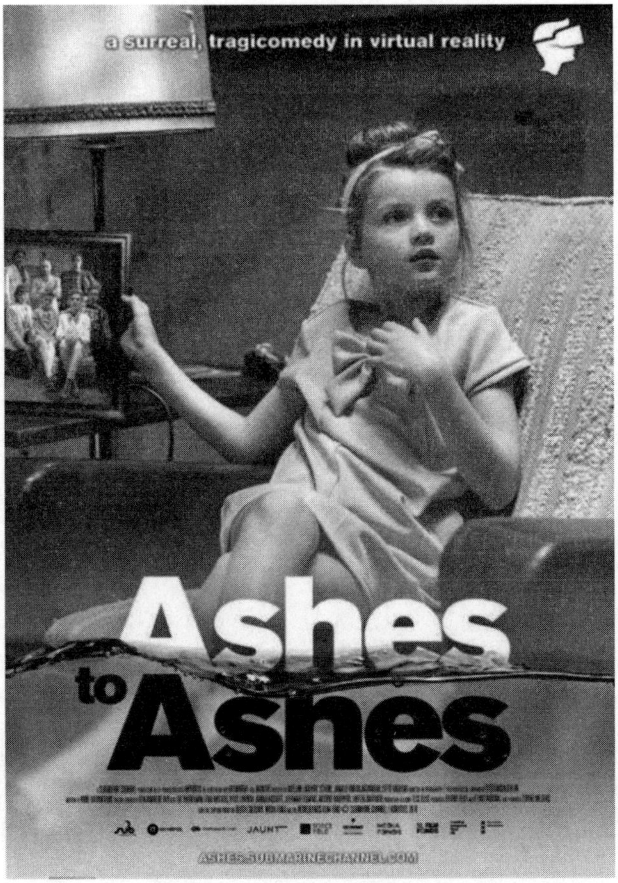

图 9-2 《灰飞烟灭》海报①

---

① 豆瓣电影.Ashes to Ashes[EB/OL].(2020-03-10)[2020-10-14].https://movie.douban.com/subject/30458748/.

二、研究设计

此实验在北京师范大学新闻传播学院虚拟演播厅进行，全程 35 分钟。在征求同意后，实验人员帮助志愿者佩戴 VR 产品，让他们随机观看真人或者动画电影，观影过程大约 10 分钟。观看之后，志愿者填写问卷，从清晰度、内容满意度等方面评价影片。

接下来，进行一对一的半结构化访谈。在访谈指标和内容的选取上，本研究参考 Ni Ding 等人①在实时客观生理反应和主观情感体验两个关键方面的 VR 影视实验研究、王楠②将 VR 影视吸引力运作机制分为外在驱动（场景、角色、声音）和内在驱动（情节强度）的研究以及“具身认知”理论，选取了访谈维度与内容：访谈主要探讨志愿者观看电影时的生理、情绪感受；对影片中环境、人物、情节、声音等多种元素的感知；对自我身份和故事情感的认知等。具体解释如下。

情绪感受：主要分为积极情绪、消极情绪以及含中性意义的其他。积极情绪包括了兴奋、有趣、刺激等；消极情绪有疑惑、恐惧等；中性的情绪是指志愿者没有太多的感受以及共鸣。这个维度主要了解志愿者观看 VR 影视的直接情绪体验。

生理感受：分为积极的感受和消极的感受。积极的感受包括舒适、自然等；消极的感受有疲劳、眩晕、不舒服等。由于采访中没有人提出中性的感受，所以未将中性感受编入表格。此维度主要了解志愿者的生理感受情况。

沉浸体验：根据问题的设置，总结出了 5 个方面。首先是 VR 是否带来了更好的沉浸体验，其次是 VR 是否增强了观众与故事的情感共鸣，还有两个相关的问题是注意力集中和元素吸引力的问题，最后是真人电影

---

① DING N, ZHOU W, FUNG A. Emotional effect between cinematic VR compared with traditional 2D film[J]. Telematics and informatics, 2018(35):1572-1579.

② 王楠.“吸引力”的回归：VR 电影叙事驱动[J].当代电影，2019(10):132-136.

的字幕问题。这个维度主要探索 VR 影视作品带来的沉浸体验程度，了解哪些因素影响沉浸体验，以及志愿者在体验时更关注什么。

自我身份：主要包含三个角度，分别是旁观者、参与者与两者都有。旁观者指志愿者觉得自己是故事以外的人，以第三人称视角观看电影；参与者指志愿者以第一人称视角观看电影，仿佛自己就是电影中的角色，在真实体验电影的情节和环境；两者都有指旁观者身份和参与者身份存在交替，志愿者时而以第三人称观看电影，时而以第一人称参与其中。这个维度主要体现志愿者对自我身份的认知。

互动性：主要包含两个角度，即对环境的自行探索以及与电影中人物的互动情况。对环境的探索指全方位观察探索 VR 影视作品营造的虚拟空间；与人物的互动是指当电影情节中的人物角色靠近或与观众产生互动时志愿者的感受。这个维度主要了解志愿者对 VR 影视作品互动性环节的感受。

三、志愿观众

研究人员在北京师范大学的校内平台上招募志愿观众。招募要求是对 VR 影视感兴趣，不限性别和年龄。最终共招募 12 名志愿者体验影片（志愿者信息见表 9-1）：12 人全为女性；一半的人之前观看过 VR 影视作品。志愿者被平均分布在不同观影组。

表 9-1 志愿者信息

编号	观看影片	是否观看过 VR 影视
01	《飞行员的梦》	是
02	《飞行员的梦》	否
03	《灰飞烟灭》	是
04	《灰飞烟灭》	是
05	《飞行员的梦》	否
06	《灰飞烟灭》	否

续表

编号	观看影片	是否观看过VR影视
07	《飞行员的梦》	否
08	《灰飞烟灭》	否
09	《飞行员的梦》	是
10	《灰飞烟灭》	否
11	《灰飞烟灭》	是
12	《飞行员的梦》	是

第三节　分析及结果

一、问卷

在本次观影活动中，6人观看动画电影，6人观看真人电影。在满分5分的情况下，影片的清晰度方面，动画电影的平均得分是3.8，真人电影的平均得分是3.7；影片内容的吸引力方面，动画电影的平均得分是4.0，真人电影的平均得分是3.8；电影的总体评价方面，动画电影的平均得分是4.2，真人电影的平均得分是3.8（见表9-2）。总体而言，虽然与内容相比，影片清晰度的平均得分欠佳，但仍不影响志愿者最后对影片给出较好的评价。具体而言，对动画电影的满意度略高于真人电影。

表9-2　两部电影的得分情况

	影片清晰度	内容吸引力	总体评价
动画电影——《飞行员的梦》	3.8	4.0	4.2
真人电影——《灰飞烟灭》	3.7	3.8	3.8

二、访谈及分析

访谈之后，研究人员对录音进行转写，并进行归纳以及分析，从情绪感受、生理感受、沉浸体验、自我身份、互动性五个方面比较两种电影给人带来的观影感受(见表 9-3)。

表 9-3　访谈内容总结

动画电影			真人电影		
回答	人数	描述	回答	人数	描述
一、情感感受					
积极	4	恐惧、紧张；刺激、真实；随情节而变化	积极	1	代入感强
消极	0	/	消极	3	疑惑
其他	2	没有特别强的共鸣	其他	2	没有很强的情感
二、生理感受					
积极	3	自然、舒适、没有不适	积极	3	能够适应
消极	3	有点头晕；不太适应	消极	3	疲劳，找不到视角；眩晕
三、沉浸体验					
1.VR 电影是否带来更好的沉浸体验					
是	6	真实、增强感受、更加专注	是	5	一开始有新奇感
否	0	/	否	1	不会太投入
2.VR 是否增强与故事的情感共鸣					
是	6	跟随人物的情绪变化；比普通电影强；更好地体验人物的感受	是	5	能够增强共鸣
否	0	/	否	1	比较冷静客观

续表

动画电影			真人电影		
回答	人数	描述	回答	人数	描述
3.注意力是否完全集中于影片					
是	4	外界影响较小；关注影片内容	是	4	更加沉浸
否	2	注意力没有完全放在虚拟世界里	否	2	因某些场景有些假而出戏
4.感兴趣的元素					
环境	4	觉得周围环境很新奇；关注环境细节	环境	3	代入感强
人物	1	聚集于人物和故事情节，没有太多地观察周围环境	人物	1	对人物表情感兴趣
情节	1	聚集于人物和故事情节	情节	3	情节令人疑惑、好奇
音乐	1	镜头的转换伴随着音乐的切换	音乐	0	/
5.字幕对沉浸体验的影响					
无字幕			正面	2	位置很好；帮助理解剧情
			负面	4	清晰度不够；不利于沉浸体验
四、自我身份					
旁观者	5	主人公身边的旁观者；上帝视角	旁观者	5	观察者；主要是一个旁观者
参与者	0	/	参与者	1	其中的一个角色
两者皆有	1	随着镜头的变化而变化	两者皆有	0	/
五、互动性					
1.是否会自行探索环境					
是	5	一到新的情景就会先看周围的环境；走动观察周围环境	是	6	很感兴趣；好奇是否有穿帮、彩蛋

续表

动画电影			真人电影		
回答	人数	描述	回答	人数	描述
否	1	注意力在主人公身上，不想错过重要情节	否	0	/
2.镜头中的人物靠近时的感受					
积极	1	有亲近感、比较真实、增强共鸣	积极	2	比较兴奋期待；有一丝丝紧张；想要互动
消极	3	有点尴尬；模糊、无法聚焦；有点紧张、有点压力	消极	3	有压迫感
其他	2	没什么感觉	其他	1	情绪上没有明显变化

(一)情绪感受

情绪感受方面，多数志愿者在观看动画电影时会产生紧张、刺激以及真实的感觉，他们的情绪跟随情节而变化；而观看真人电影的观众大多表现出了疑惑的情绪，很少有人有较强代入感。由此不难看出，志愿者对于动画电影的情绪感受更加积极，动画电影在这一维度优于真人电影。

这种情况与本研究选片本身有较大关联，由于真人电影是一部国外影片，除却对外国人行为动作的理解，这部影片对于虚拟与现实的反思由于时长的限制也未能表达清楚，因此不少志愿者对影片的主题产生了疑惑。而动画电影情节设计较为简单，志愿者容易理解，且动画电影画面制作较为精良，志愿者更容易沉浸其中，会跟随情节变化产生正向的情绪反馈。

(二)生理感受

这一维度中，对于两部影片都有积极和消极两种生理反馈。有一半志愿者在观看动画影片时没有不适，但另一半志愿者表示在观看时有点头晕，不太适应。对于真人电影，同样有一半志愿者表示可以适应，另一半表示在观看时找不到视角，感觉眩晕。

在生理感受方面，这两部影片带来的影响相当。一方面，这两部影片都有不同程度的视角转变，可能会带来眩晕的感觉；另一方面，这也与 VR 技术本身有关，观众在三维空间中观看影片时沉浸感更强，因此更容易受到场景变化的影响。

（三）沉浸体验

在沉浸体验方面，大部分志愿者表示 VR 影视作品给他们带来了更好的观影体验、更强的真实感，并且新奇感和专注度较强；在情感共鸣方面，大部分志愿者表示共鸣感比传统电影强，自己会跟随人物的情绪变化体验人物的感受；在注意力集中度方面，多数志愿者受外界影响较小，会更多关注影片内容，认为沉浸感较强。但也有小部分观看动画电影的志愿者表示注意力没有完全集中在虚拟世界里，小部分观看真人电影的志愿者表示某些场景不够真实，难以沉浸；在元素吸引力方面，对动画电影与真人电影的反馈几乎相同，大部分志愿者重视环境元素，认为周围环境很新奇，会关注环境细节，同时也会关注人物、情节与音乐等元素；针对真人电影的字幕影响，本研究发现，虽然字幕可以帮助理解剧情，但对沉浸体验更多地起到负面作用，大部分志愿者认为字幕清晰度不够，不利于沉浸体验。

总体来说，在沉浸体验维度，动画电影的沉浸感优于真人电影。一方面，真人电影题材本身难以理解，志愿者反馈观看时较难投入，即情节影响观众的沉浸体验；另一方面，真人电影配加的字幕也影响了观影体验，妨碍志愿者沉浸其中。动画电影的情节设置更加精巧和易于理解，更有利于增强专注度。

（四）自我身份

在自我身份维度，大部分志愿者认为自己是故事的旁观者、观察者，以上帝视角观看电影。少数观看动画电影的志愿者认为自我身份随着镜头的变化而变化，时而是旁观者时而是参与者；少数观看真人电影的志愿者认为自己是参与者，是故事中的一个角色。

情节设置和镜头转换影响观众的自我身份认知。动画电影主要以飞行员的视角进行镜头与画面的转换，志愿者时而认为自己是飞行员，时而认为自己是旁观者；而真人电影的镜头仅局限于面前的全景，志愿者的自我身份认知主要受到电影情节的影响。

(五)互动性

在互动性维度，观看动画电影与真人电影的志愿者反馈相似。大部分志愿者会自行探索环境，对环境感兴趣，甚至会起身走动观察周围环境，但认为与人物的互动性不强，在人物靠近时会感觉尴尬或紧张，认为有压力或压迫感。小部分观看真人影片的志愿者则表示自己会有期待和紧张感，希望与人物进行互动。

真人电影在互动性维度略优于动画电影，主要是因为剧情设置的差异。就影片内容来说，真人电影将观众设定为故事中的一个骨灰盒，当故事中的人物注视骨灰盒时，其实就与观众产生了目光交流，但此片中的人物互动也仅限于此；动画电影则没有对观众进行特殊设定，也就不存在明显的人物与观众的互动。

(六)使用场景需求

本次研究了解到志愿者大多愿意在相对安全私密的地点观看 VR 影视作品，如家里或私人影院，对环境的要求是安静、舒适以及不受打扰。有志愿者表示，如果是在公共场合下使用，可能会觉得尴尬，“转动的时候可能会影响到他人”，并且志愿者们表示，愿意个人使用或在亲朋好友的私人聚会中使用，主要是希望通过观看 VR 影视作品达到游历新奇环境、放松身心或者追求刺激体验的目的。

表 9-4　VR 影视用户需求分析

使用地点	使用场景	环境描述	目标
1.家里 2.私人影院	1.个人使用 2.亲朋好友聚会	安静 舒适 不受打扰	1.游历新奇环境 2.放松身心 3.追求刺激

(七)不足

1.视频清晰度不够,人物离镜头过近时,镜头无法聚焦,画面模糊明显

大多数志愿者认为视频清晰度不够,看不清楚人物的表情,画面模糊的同时也影响了沉浸体验,时间长了会产生眩晕感,导致视觉疲劳。志愿者 08 表示:“里面的人物讲话的时候,人物面部清晰度不够,会觉得他们其实不是真人,让我的体会没有那么真实。”

此外,由于技术限制,目前的全景相机还难以实现与传统相机相当的精确变焦,当人物离镜头很近时,全景相机无法灵活对焦,容易导致画面模糊明显。“镜头就离那个人物很近,然后特别近的时候眼睛没办法去聚焦”,在志愿者 05 描述的观影体验中,即使是这种短时间的画面失焦也会使人明显感受到视觉不适。

2.互动感不强,参与感不足

随着剧情发展,志愿者 05、11 表达出希望能与剧中角色互动的意愿,而不是只作为旁观者。参与感不足使得 VR 电影与普通的三维电影相比没有明显的特点和优势。比如,志愿者 02 对主人公产生了亲近感,并表示“希望他可以平安到达地面,很想伸出手帮助他”却无法产生实际行动。这就导向了一个悖论:在传统影院式观影中,观众处于一个相对固定且闭锁的观看系统中,自愿被抛入预设的客体位置,以保持足够的专注度,聚焦于创作者精心安排的情节线索或影像奇观——某种意义上,这是一个去身体化的过程。而在观看 VR 影视作品的过程中,

在沉浸感有效的前提下，观看者的身体对于环境刺激的反应更为敏感强烈，此时承担交互任务的不只有思想和心灵，还应有身体。但经实验访谈发现，目前选择的 VR 影视作品难以唤起观众的身体在场体验，在给予观众更广视角和更高沉浸度的基础上，所唤起的仍是不具行动力的固定身体经验。

3.情节密度大，观众自行探索角度易导致其错过重要情节

角度选择的自由性增加，一方面加强了观众与环境之间的交流，但另一方面也会增加部分观众的担忧。如志愿者 01 表示："在转头看另一个地方时是看不到主角的，所以害怕会错过一些情节，如果情节密度非常大的话，在转头的时候可能就错过了主要的情节点。"志愿者 02 称："我的注意力主要在主人公身上，会跟着他转就是因为我不想错过他的移动，我怕错过什么不得了的东西。"在剧情安排紧凑、情节密度较大的情况下，观众自行探索角度容易导致其产生错过重要情节的担忧。

4.剧情吸引力不足，内容不够精美

《灰飞烟灭》作为一部真人剧情片，在场景和人物上追求逼真，但是多数志愿者反映场景制作不够真实、人物的面部表情不够生动，这影响了他们的沉浸体验。大多数志愿者表示无法理解剧情，在评价情感感受的时候选择了消极感受。剧情的隐晦和难以理解使得志愿者的观看意愿逐渐走低：初期想要探索，到后期仅把注意力放在环境上，不再关注剧情。其中，志愿者 11 称："情感好像没有特别大的变化，我全程就是很疑惑剧情到底在讲什么。"志愿者 08 也说："我觉得剧情没有想象中的跌宕起伏，我本来以为这会是一个很感人的故事，和自己的预期有点出入。"

5.观看者与虚拟角色的"安全距离"不足

在观看影片的过程中，大多数志愿者表示在影片中虚拟人物突然靠近的时候会觉得有压迫感、紧张感，志愿者 06 称："中间穿白色套装女生

向我走来的时候，有一种压迫感。”

在心理学上，1.2 米是人与人之间的安全距离，而在 VR 影片中，部分角色近景、特写、大特写的物理距离已接近或小于心理安全距离。观众与角色之间的“近距离接触”在特定情况下能够给观众带来良好的观看体验（比如靠近的人是观众喜欢的人物角色，或者导演有意为之），但与此同时，对距离处理不当也可能引起观众心理上的不适（比如制作不够精良的动画人物或清晰度不足的实拍人物）。

6.观众自我身份迷失，不确定以何种自我身份理解人物和故事

VR 影片中镜头的设置和运动会让观众难以确定自己是旁观者还是故事中的人物，从而产生剧情理解上的困难，如志愿者 07 说：“我不应该是飞行员吗？在飞行器往地上掉的时候，我就不知道我到底是在飞行器上的一个人，还是在以怎样的视角看他，就这个地方感觉有点不太真实，既感觉自己是他又感觉自己不是。”

当镜头是离人物有一定距离的固定镜头时，观众知道自己是旁观者，但当镜头与故事人物保持相对静止，比如主人公从高空坠落的时候，镜头紧跟主人公运动，此时观众会感觉自己正在跟着主人公下坠，这时候观众不确定自己是旁观者还是故事角色中的一员，当两种身份认知交替出现时，观众会感到困惑，无法很好地理解故事情节。

7.VR 眼镜的佩戴舒适度不足

一些志愿者反映，如果近视需要在戴眼镜的基础上佩戴 VR 眼镜，佩戴上略有不便，使用过程中也会感觉不适，产生不同程度的视觉疲劳。志愿者 04 表示：“因为我戴眼镜，就总是要举着一点。就觉得有一点吃力，也会让人觉得有点出戏，然后就是视疲劳。”志愿者 08 也称：“我觉得我戴眼镜还是有一点点难受，我觉得需要注意到这个问题。”可见 VR 产品还须关注用户群体的特殊需求，有针对性地提升头显设备的舒适度。

第四节 产品改进建议

一、制作技术仍须完善

清晰度是影响沉浸感的重要因素之一，清晰度过低、影片模糊往往会破坏观众的沉浸体验。因此，提高影片画面清晰度仍是制作技术精进的重中之重。尤其在真人影片中，相较于动画电影，观众对于真实感的要求更高，因而在影片的摄制等技术上也需要更多的改良，进而增强观众的沉浸体验。

二、剧情设计需有巧思

打磨叙事逻辑，在发挥VR技术呈现优势的同时，考量观众在观影体验上的局限性和陌生感，尽量避免不知所云和误解的情况。

注意影片时长与剧情内容的匹配度及合理性，保证在一定时长内输出的内容能够让观众消化理解，减少冗繁无味带来的疲惫感。

明确观众视角身份定位（是参与者还是旁观者），避免角色转换带来的跳跃感与认知脱节。

互动设计应与剧情发展相结合，而非简单增加有趣味性的功能展示，注重互动点安排对于剧情的推进作用，从而增强参与感和沉浸感。

三、搭配音效营造氛围

在访谈过程中，大多数志愿者表示观影体验会受到音效及配乐的影响。在影片制作过程中应更加注重音效的渲染，并配合耳机等音响设备实现立体环绕，同时也可尝试融入降噪技术，尽可能实现环境声的削弱，或许给观众带来更好的沉浸感和氛围感，提升观众的观影体验。

四、提升设备佩戴体验

改进 VR 设备制作技术，尽可能减轻 VR 头显设备的重量感和束缚感，减少观众佩戴时的不适和疲惫感受。

针对近视观众可设计内置度数调整功能，尽量避免眼镜叠戴，提高近视人群在使用上的便捷性和舒适度。

五、改进视线引导设计

影片《飞行员的梦》在视线引导方面较为成熟，大多数时候将主视角设置在主人公身上，当画面进入太空时，导演为观众预留了探索环境的时间，处理方法是使人物的出现晚于新画面的出现，这时候观众有几秒钟的时间环视太空环境，当导演想让观众的视线回到主人公身上时，会通过主人公开舱门的声音以及主人公喘气的声音来吸引观众的注意力。预留探索时间的处理方式既满足了观众自行探索新环境的需求，也保证了观众能够紧跟故事节奏。

第五节　总结

本次研究通过半结构化访谈的方法探究了动画电影和真人电影两类 VR 影视作品的用户体验，并针对用户的痛点和需求提出了涉及影片前期制作、设备技术支持及辅助功能等多方面的意见和建议。其中，对于动画和真人两类电影的体验效果，本研究主要有以下发现。

总体而言，较高的问卷评分说明用户对 VR 影视作品的体验评价较好。VR 影视作品在情绪感受、生理感受、沉浸体验、自我身份和互动性五个维度上的表现都较为优秀，可见 VR 影视作品已日趋成熟，用户体验较好。具体而言，动画电影和真人电影这两种不同的体裁对观影体验影响不大，都可以激发用户的情感和生理感受。值得注意的是，从动画和真人电影的对比来看，用户在其中的沉浸感和互动性又略有区别：动画电影比真人电影的沉浸感略强，而真人电影比动画电影的互动性略强。理论上来说，影片越真实，用户的沉浸感应该越强，但是本研究得出的结论却与此不同。真实与否并不足以决定VR影视作品的沉浸感和互动性，问题出在剧情的设计上。本研究选取的影片中，真人电影的剧情可能难以捉摸，容易导致观众分心，影响沉浸体验，但其在情节上为观众赋予了角色（骨灰盒），因此存在一定的人物互动；相比之下，动画电影的情节更容易理解，观众沉浸感更加强烈，因而能够集中注意力体验剧情，但情节上缺乏人物互动的设计，因此互动性较弱。所以剧情的设计和节奏的把握，应该充分考虑观众的认知能力和互动需求。

由此可见，优质的内容对VR影视作品的两个最重要特性——沉浸感和互动性具有很大的影响。因此，希望各内容平台能够重视内容打磨创作，深挖内容价值，深化平台合作，有效建立起良好的行业生态。

第十章
基于 GameFlow 模型的 VR 游戏用户体验报告
——以《节奏空间》(*Beat Saber*)为例

本研究基于心流理论和 GameFlow 模型,以一款 VR 游戏——《节奏空间》(*Beat Saber*)为例,通过深度访谈法和观察法,从多个维度了解 VR 游戏的用户体验。研究发现大部分玩家在玩游戏时都获得了较强的沉浸感和挑战感,获得了心流(Flow)体验,也表现出了较强的后续使用以及推荐意愿。另外,不同类型的玩家的体验也存在差异:新手玩家更关注游戏基本内容和操作,普通玩家更关注游戏体验的革新,核心玩家更想探索多样的游戏玩法。本研究最后提出合理化改进建议,帮助 VR 游戏提升用户体验。

第一节　背景介绍

一、VR 游戏行业现实

2016 年被称为 VR 元年,自此,VR 游戏迎来了井喷式发展。VR 游戏通过出众的沉浸体验和交互设计,颠覆了传统游戏模式,为玩家创造了别样的游戏体验。

根据 Greenlight Insights 2020 年的预测,2020 年全球的 VR 产业规模总计 1600 亿元,国内市场规模将达到 900 亿元。从信达证券在美国市场的调研数据来看,73%的美国人使用 VR 设备玩游戏,其中,每周至少玩 5 次的玩家大约占 13%。[①] 可以看出,VR 游戏已经逐渐深入人们的生活场景,成为家庭娱乐的一个重要部分,具有极大的发展潜力和上升空间。

VR 游戏平台布局上,SteamVR 在电脑端保持了用户与内容数量的优势地位。截至 2021 年 2 月 12 日,根据其官网的数据,Steam 中 VR 游戏与软件数量达到 4748 个,在量级上远超诸如 VIVEPORT 与 Oculus Rift 等其他同类平台。根据上海证券的调研,接入 SteamVR 的 VR 头显数量占 Steam 月活跃用户数的比例持续创下新高,该比值已经从 2020 年 2 月的 1.01%增长到 5 月份的 1.92%。[②] Steam 的月活跃用户规模在 1 亿人左右,在 SteamVR 上活跃的玩家已接近两百万人。

因此,随着 VR 游戏的发展,人们越来越关注游戏用户的体验。从用户的角度出发进行研究不仅有利于提高用户黏性,更利于改善游戏设计。基于此,游戏用户体验研究势在必行,且近年来逐渐成为行业的研究热点。

二、理论背景

(一)用户体验

目前学界对于用户体验还没有统一的定义,该词主要作为人机交互(Human-Computer Interaction,HCL)领域中的一个综合性术语,用来表示用户和产品的一种主观关系。[③] ISO9241-210 标准将用户体验定义为人们针对使用或期望使用的产品、系统以及服务的认知印象和回应,是用户的主观体验。[④]

---

① 信达证券.VR 游戏行业深度报告:爆款游戏推动硬件普及,5G 促进 VR 产业规模化运用[EB/OL].(2020-04-17)[2020-04-27].https://www.vrtuoluo.cn/517837.html.

② 上海证券. 传媒-游戏行业动态:VR 游戏活跃用户数持续增长,无线串流方案认可度提升[EB/OL].(2020-06-09)[2020-07-27]. http://data. eastmoney. com/report/zw _ industry. jshtml? encodeUrl=tbaXKWe0g1YX+ltiDLjS1eckZEkCRAfR1pLmdA2M6P8=.

③ 叶晓贞.基于生理信号的游戏用户体验研究[D].北京:北京科技大学,2021.

④ 王芳.基于云技术的公共自行车系统设计研究[D].上海:华东师范大学,2014.

（二）游戏用户体验

游戏的用户体验指玩家玩一款游戏时的行为、情绪与态度，主要以玩家的心理、行为、思维过程和游戏技能为中心。[①] 在游戏的用户体验评估方面，黄石提出游戏性的评估标准应该建立在用户交互体验的反馈基础之上，其主要内容包括游戏的沉浸度（immersibility）、愉悦度（joviality）、操作性（playability）和重复可玩性（replayability）等方面。此外，在游戏开发和设计的过程中，需要充分考量用户的游戏体验，经由用户反馈来进一步修正游戏的内容。[②] 南京师范大学教育游戏研究中心基于游戏的用户体验，提出了游戏软件分析的 7 个角度，并构建了教育游戏用户体验评价指标体系，该体系包含 5 个一级指标，按重要性排序，依次是可用性、教育性、需求、游戏性和感知美感。[③] 苏珂等从传统的 MDA 游戏设计的角度出发，引入了用户的生理特征测量这一内容，并构建了基于动态贝叶斯网络（Dynamic Bayesian Network，DBN）的用户体验评估模型。[④] 近年来，随着游戏行业的全民化发展，研究者们越来越关注游戏用户本身，而对于游戏用户而言，心流体验是其真正投入游戏的一个重要指标，也是游戏交互的基本目的之一。[⑤] 因此，心流体验逐渐成为用户体验领域的研究热点之一。

心流理论认为当挑战与技能平衡且达到一定强度水平时，人们会产生心流体验。[⑥] 以心流理论为基础，佩内洛佩 · 斯威策（Penelope Sweet-

---

① 仝冬莹. *Florence* 游戏的交互设计用户体验研究[D].南京：东南大学，2019.

② 黄石.基于用户交互体验的游戏性评估[J].北京理工大学学报（社会科学版），2010，12(4)：102-104，108.

③ 董哲哲. 教育游戏用户体验评价体系的构建研究[D].南京：南京师范大学，2013.

④ 苏珂，续鲁庆.游戏设计中基于 DBN 的用户体验评估模型研究[J].包装工程，2020，41(2)：231-236，248.

⑤ 叶晓贞. 基于生理信号的游戏用户体验研究[D].北京：北京科技大学，2021.

⑥ 马颖峰，王彩惠.基于 GameFlow 模型的教育游戏黏着度分析研究[J].远程教育杂志，2011，29(3)：104.

ser)和佩塔·韦思(Peta Wyeth)于 2005 年提出了对于游戏娱乐性进行评估的 GameFlow 模型。具体如表 10-1 所示。

表 10-1 GameFlow 模型①

元素	标准
集中注意力(concentration) (玩家应将注意力集中于游戏)	1.游戏应该向玩家提供多种刺激 2.游戏所提供的刺激值得玩家注意 3.游戏应该快速捕获玩家的注意力并使其能够维持下去 4.玩家不应该为不重要的游戏任务所累 5.游戏应该提供适中的认知负荷 6.玩家不应该被分散注意力
挑战(challenge) (游戏必须有足够的挑战性,而且要与玩家的技能相匹配)	1.游戏中的挑战要与玩家的技能相匹配 2.游戏应该为不同的玩家提供不同级别的挑战 3.随着玩家的进步和技能的提高,挑战的级别(难度)也应该提高 4.游戏应在适当的时机给玩家提供新的挑战
玩家技能(player skills) (游戏要为玩家技能的提高创造条件)	1.玩家无须读游戏手册就能开始玩 2.玩家学习玩法的过程不应该是枯燥无味的,学习的过程也应是娱乐的一部分 3.游戏应该包括在线帮助,使玩家不用退出游戏就能获得帮助 4.要使玩家的技能以适当的速度提高 5.玩家提高技能后应获得奖励 6.游戏界面和游戏机制应该易于学习和使用
控制(control) (玩家能够控制自己在游戏中的行为)	1.玩家能够驾驭自己在游戏中的角色、活动和交互等 2.玩家能够控制游戏界面和输入设备 3.玩家能够控制游戏进程 4.玩家不会产生致命的错误,游戏能够帮玩家从错误中恢复过来 5.玩家感觉到自己能够控制虚拟世界,并对其产生影响 6.玩家能够驾驭自己的行为、策略,用自己的方式完成任务

① 马颖峰,王彩惠.基于 GameFlow 模型的教育游戏黏着度分析研究[J].远程教育杂志,2011,29(3):104.

续表

元素	标准
明确的目标（clear goals）（游戏应该向玩家提供明确的目标）	1.终极目标应该明确且尽早出现 2.过程目标应该在适当的时机清楚地呈现出来
反馈（feedback）（玩家要在适当的时机得到适当的反馈）	1.玩家有进步时应得到奖励反馈 2.玩家做出行动之后应立即得到反馈 3.玩家要始终知道自己的成绩和地位
沉浸（immersion）（玩家无须努力地全身心投入到游戏中去）	1.玩家忽略了游戏之外的生活环境 2.玩家忽略了自己和日常生活 3.玩家在感情上投入到游戏中去 4.玩家从内心里投入到游戏中去
社会交互（social interaction）（游戏应该支持玩家之间的社会交互，并为其创造条件）	1.游戏应该支持玩家之间的竞争与合作 2.游戏应该支持玩家之间的交互（通过对话等形式） 3.游戏应该支持游戏内外的玩家之间的交流

（三）不同类型玩家的用户体验差异

自 1996 年理查德·巴图在《红心、梅花、方块、黑桃：MUD 游戏玩家分类》一文中提出了多用户虚拟空间游戏（Multi-User Dungeon）玩家的四种分类法后，游戏玩家类型的研究先后经历了回归玩家动机研究、使用人格类型测量工具、尝试归纳玩家心理特质这三次转向[①]，在这一过程中各种玩家类型模型层出不穷，用以支撑不同游戏玩家类型划分的理论工具也不断完善，游戏玩家的划分标准也经历了从类别分割到特质归纳的转变。当前学界有关 VR 游戏玩家类型划分的研究数量较少，现有的少量研究也多是沿用过去一些经典的玩家类型划分模式来进行用户画像。

① 喻国明，耿晓梦.从游戏玩家的类型研究到未来线上用户的特质模型：兼论游戏范式对于未来传播研究的价值[J].当代传播，2019(3)：26-30，55.

由于 VR 游戏在国内尚处于方兴未艾的状态，所以与之相关的玩家类型划分也处在探索阶段。本文依据国内网民对 VR 游戏接触程度不同的现状，试图从玩家经验水平差异的视角来探究不同类型玩家的游戏体验差异。

第二节　研究方法

本研究基于心流理论和 GameFlow 模型，以一款 VR 游戏——《节奏空间》(*Beat Saber*)为例，通过深度访谈法和观察法从多个维度了解 VR 游戏的用户体验，并提出以下研究问题：

(1)《节奏空间》是否能够使玩家获得心流体验？

(2)不同类型的玩家在玩《节奏空间》时的体验有什么差异？

一、设备与素材

(一)设备

本次实验采用的 VR 设备是 HTC Vive，它是一款由 HTC 和 Valve 合作开发的 VR 头戴设备，和 SteamVR 有着技术合作关系，是在 Steam 平台上玩 VR 游戏的良好选择。

(二)素材

2016 年，在 VR 游戏发展初期，一款名叫《音盾》(*Audioshield*)的音乐游戏成为 VR 游戏初露锋芒的代表作之一。游戏的玩法简单有趣——玩家需要根据音乐的节奏来使用自己手上的音盾击打和其颜色对应的光球。但是作为早期的 VR 游戏，它也存在一定的缺陷，比如沉浸感不够强，只能够自动生成谱面等。在 VR 游戏正茁壮发展的今天，对它的评价是褒贬不一的。

目前来看，Steam 平台销量和人气最高的两款游戏分别是《节奏空间》和《半条命：Alyx》。其中《半条命：Alyx》是 Valve 公司，即 Steam 平台的母公司，于 2020 年 3 月 24 日发布的 FPS（第一人称射击）游戏，是经典系列游戏《半条命》的最新作品。这个游戏一经发售便广受好评，权威游戏评测机构 IGN 甚至给它打出了 10 分的满分评价。另外一款 VR 游戏《节奏空间》也是现象级作品。作为一个音乐类 VR 游戏，与前辈《音盾》相比，《节奏空间》在各个方面都取得了长足的进步——更精细的画面、更流畅的操作、更具有表现力的游戏设计，同样也收获了更多玩家的支持和好评。《节奏空间》于 2018 年 5 月 1 日发售之后，迅速成为社交网络上的“爆款”，也是 VR 游戏发展至今最受欢迎的作品之一。

本次实验选择的游戏是《节奏空间》。因为《半条命：Alyx》属于动作射击类游戏，其受众人群主要为较硬核和资深的玩家，而与《半条命：Alyx》相比，《节奏空间》主要面向休闲玩家，游戏简单轻松，两者类型不同，在受众定位上的竞争性也较弱。综上所述，《节奏空间》在现今 VR 游戏市场中在用户体量和品质上优势明显，而且其快节奏的游戏体验和低上手难度也满足了本次研究的被试特点。

二、流程

本实验在北京师范大学新闻传播学院虚拟演播室进行，整个过程约 20 分钟。在正式开始之前，研究人员向受访者简单介绍了整个实验的流程，并确保受访者均为自愿参与本实验且没有身体异常情况之后，正式开始实验。具体流程如下。

（一）实验介绍以及基本信息询问

本实验根据受访者对 VR 游戏的了解程度和偏好特征，将玩家类型分为新手玩家（没有玩过 VR 游戏）、普通玩家（体验过 VR 游戏）、核心玩家（有相对丰富的 VR 游戏体验）。体验开始前，研究人员首先询问受访者对 VR 游戏的了解程度，根据其类型询问受访者对本次实验游戏的期待和平时的游戏习惯（具体问题见表 10-2）。

表 10-2　针对不同类型玩家的前测问题

<table>
<tr><th>玩家类型</th><th>特征描述</th><th>前测问题</th></tr>
<tr><td>新手玩家</td><td>游戏经历较少，偶尔玩普通游戏，几乎没有体验过 VR 游戏</td><td rowspan="2">1.觉得它和其他表现形式相比有什么优势？
2.以前体验过 VR 游戏吗？觉得怎么样？
3.为什么愿意参加这次活动？
4.平时有玩游戏的习惯吗？</td></tr>
<tr><td>普通玩家</td><td>有一定游戏基础，平时玩普通游戏较多，少数体验过 VR 游戏</td></tr>
<tr><td>核心玩家</td><td>有丰富的游戏经验，平时玩普通游戏多，比较关注且多次体验过 VR 游戏</td><td>1.对 VR 这种表现形式有什么期待？
2.为什么愿意参加这次活动？
3.平时有玩游戏的习惯吗？</td></tr>
</table>

（二）受访者体验游戏（约 10 分钟）

研究人员帮助受访者戴上 VR 眼镜，简单讲解 VR 眼镜和手柄的操作方式，介绍游戏基本内容。受访者表示明白之后，研究人员将受访者指引到最佳游玩位置，让受访者自由体验游戏 10 分钟左右。

与此同时，研究人员将对受访者的游戏行为进行实时观察和录屏，作为后期分析的参考。

（三）深度访谈

研究人员根据按照 GameFlow 模型制定的提纲对受访者进行访谈，询问受访者在游戏过程中的感受，以及对游戏的看法和评价等。

三、研究设计

(一)深度访谈

深度访谈主要针对受访者在VR游戏《节奏空间》体验过程中的具体感受进行深入的挖掘。在征得受访者同意之后,研究人员按照访谈提纲进行半结构化访谈,并对访谈进行全程录音。实验结束之后,研究人员将访谈的录音逐字转录成文字,并使用Nvivo进行输入和编码分析。访谈提纲如下:

(1)游戏流畅吗?操作是否舒服顺滑,是否符合您的习惯?配乐体验如何?游戏画面和视觉设计如何?

(2)游戏的沉浸感如何?是否受到无关因素干扰?如果沉浸感满分10分,你愿意打几分呢?

(3)头戴设备的体验如何?有没有压迫、头晕等问题?是否感到疲惫?

(4)游戏上手快吗(或需不需要教学模式)?游戏的难度如何?

(5)你觉得游戏的目标足够明确吗?是否一直知道自己该干什么?

(6)游戏的反馈感(视觉、音效等)足够吗?过关和失败给你带来了什么感受?

(7)你觉得本次体验是否达到之前的期望?

(8)错误操作和失败次数多吗(大概几次)?

(9)如果有机会还愿意接着玩吗?

(10)如果有设备,是否有购买意愿(价格为90元人民币)?

(11)是否会推荐给朋友?

(12)游戏界面足够合理吗?容易理解吗?

(13)引导足够清晰吗(游戏是否提供了完成目标的必要信息)?

(14)总体满意吗?玩起来愉快有趣吗?

(15)评价下这个游戏的优缺点吧。总分 10 分的话，你愿意打几分？

(16)对这款游戏有什么具体意见吗？最突出的感受是什么？

(17)你觉得对 VR 游戏来说最重要的是什么？

(二)观察

另外，在体验过程中，研究人员对游戏实际画面进行录屏，记录受访者的实际游戏过程，并将其作为观察和研究受访者游戏行为特点的材料，同时也作为访谈结果的补充参考。本研究主要的观察点集中在玩家的具体游戏表现、操作流畅度、玩法偏好、无效操作情况等方面。

四、参与者

本研究通过研究人员的朋友圈寻找符合条件的被试(视力正常，没有心脏疾病等)，最后共招募了 8 名被试参与体验与访谈，他们均为北师大的学生(基本情况见表 10-3)。其中男生 3 名，女生 5 名；新手玩家 3 名，普通玩家 2 名，核心玩家 3 名。

表 10-3　参与者基本情况及总体用户体验结果

编号	性别	玩家类型	玩游戏	了解 VR	VR 游戏经验	体验打分	后续使用意愿
1	女	新手	否	是	无	8	否
2	女	普通	否	是	有	9	是
3	女	新手	否	是	无	8.5	是
4	女	新手	否	是	无	8	是
5	女	普通	是	是	无	9	是
6	男	核心	是	是	有	8	是
7	男	核心	是	否	无	8	否
8	男	核心	是	是	有	9	是

第三节 分析及结果

首先基于访谈和前测问题(见表 10-2),研究人员将招募到的 8 位游戏体验玩家的体验结果进行了总结,详见表 10-3。其中,体验平均得分为 8.4,说明被试的整体体验较好。此外,大多数人表示后续愿意继续使用 VR 设备玩游戏,仅 2 位被试不想再玩 VR 游戏,这表明大多数被试都有进一步使用的意愿。

一、问题一:《节奏空间》是否能够使玩家获得心流体验

访谈基于心流理论和 GameFlow 模型了解 VR 游戏的用户体验。我们根据 VR 游戏和本次实验的特点对该模型进行了一些调整。

(1)取消玩家技能维度。因实验进行时间有限,无法有效地测量玩家技能的提升。

(2)取消了"社会交互"维度。因实验室设备数量限制,很难实现 VR 游戏联机匹配。

此外,根据研究问题和访谈的结果,我们归纳出了另外两个维度"期待满足"(游戏应该契合或超越玩家的预期)和"留存愿望"(游戏应该使玩家长期忠诚留存)。表 10-4 是本研究最终形成的评估框架以及相应的结果。

表 10-4 评估框架及访谈结果

维度	聚类标准	正面评价	负面评价
集中注意力(玩家应将注意力集中于游戏之上)	1.游戏应该向玩家提供多种刺激 2.游戏提供的刺激值得玩家注意 3.玩家不应该被分散注意力 4.游戏应该提供适当的认知负荷	游戏动画完成度高,运行流畅 音乐节奏感强 游戏运行流畅	设备:连接线较短、头戴设备较重 游戏:操作单一、配乐嘈杂

续表

维度	聚类标准	正面评价	负面评价
明确的目标（游戏应该向玩家提供明确的目标）	1.游戏应当适当引导玩家明确过程目标 2.游戏目标应该在游戏界面上清晰呈现	摸索后可以发现最终游戏目标	游戏缺少新手引导，目标不明确 通关任务指标不明
控制（玩家能够控制自己在游戏中的行为）	1.玩家能够控制游戏界面和输入设备 2.玩家能够驾驭自己的行为、用自己的方式完成任务 3.玩家能够流畅地推进游戏进程	能很好地控制游戏界面 能很好地完成游戏交互	手柄操作不够顺滑 头盔固定性较差
沉浸（玩家无须努力地全身心投入到游戏中去）	1.玩家在情感上投入到游戏中去 2.玩家忽略了游戏之外的现实环境，玩家不会被周围环境干扰	游戏沉浸感较好	无
挑战（游戏必须有足够的挑战性，且要与玩家的技能相匹配）	1.游戏中的挑战要与玩家的技能相匹配 2.游戏应该为不同的玩家提供不同级别的挑战 3.游戏的难度设置应该是层次分明的	对大多数玩家而言难度适中	对协调性要求较高 游戏难度对新手玩家不友好 关卡间难度区分不够精细
反馈（玩家要在适当的时机得到适当的反馈）	1.玩家在完成任务后应得到成绩反馈 2.玩家做出行动之后立即得到反馈 3.玩家要始终知道自己的成绩和地位	游戏中出现错误时有一定反馈	游戏期间无成绩反馈 手柄触感反馈不佳 游戏按钮交互性差
期待满足（游戏应该契合或超越玩家的预期）	1.游戏体验应符合玩家预期 2.游戏体验应该使玩家获得情感满足 3.游戏体验应包含用户的在意点	游戏过程舒适 游戏满意度较高 交互性强 沉浸感强	设备体验感不够好 游戏难度设置不合理
留存意愿（游戏应该使玩家长期忠诚留存）	1.游戏体验应让玩家愿意再次体验 2.游戏体验应让玩家觉得物有所值 3.游戏体验应让玩家觉得值得推介	后续使用意愿较强	设备价格高昂

(一)集中注意力维度

对于“能否将注意力集中在游戏上”这一问题,受访者均表示游戏具有动画完成度高、运行流畅、音乐节奏感强等优点,这些元素使他们的注意力聚焦在游戏上。他们也提到了一些分散注意力的元素,除了游戏操作单一,内容比较单调,长时间玩游戏会感到枯燥,以及配乐过于嘈杂,会引起部分体验者心理不适等游戏本身的缺陷,主要集中于VR设备本身的不足,例如设备连接线较短,会限制玩游戏时的行动,破坏游戏的沉浸感;VR头盔在玩游戏期间会移动,需要及时调整才能保证视野清晰;对戴眼镜的受访者来说,头盔会压到眼镜,影响视野;VR头盔较重。

(二)目标维度

受访者认为虽然游戏缺少新手引导,但是自行摸索后可以发现游戏目标。游戏界面文字较多,通关任务指标不够清晰。

(三)控制维度

玩家表示能较好地控制游戏界面并完成交互,基本能够控制游戏进程,但仍存在一些问题,如:手柄操作不够顺滑,控制感不佳。除此之外,游戏后期难度较大,玩家难以驾驭。部分玩家也表示难以让VR头盔始终在特定位置以保证视野清晰。

(四)沉浸维度

全部受访者都认为游戏有较强的沉浸感,自己能很好地投入到游戏中去。一位受访者表示:“平台的断层做得还挺好的,有时候我特别害怕会掉下去。”受访者也表示,戴上VR眼镜就会失去对真实世界的感知,觉得自己处于游戏世界。

（五）挑战维度

大多数受访者认为游戏难度适中，在通过较容易关卡后会迎来新的挑战，但对不常玩游戏的受访者来说还是有一定的难度（见图 10-1）。总的来说，越资深的玩家越觉得简单，而感知难度与成就感/满意度成反比，等等。

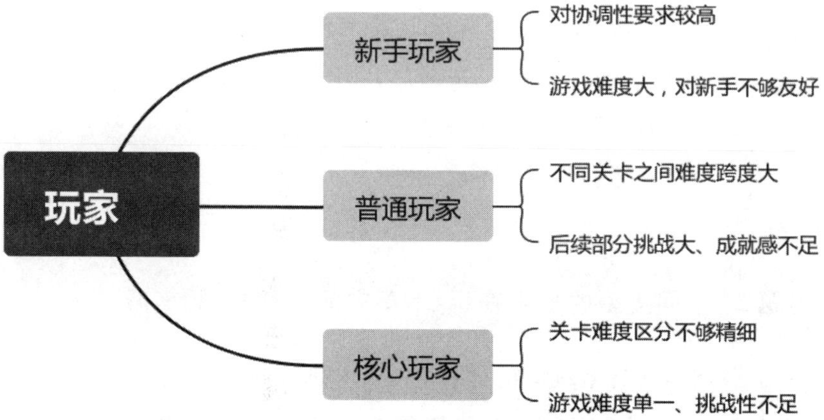

图 10-1　不同玩家与挑战难度

（六）反馈维度

受访者认为游戏缺少清晰的错误反馈机制，而且难以看到成绩，无法判断游戏的完成情况；行动反馈上的问题包括手柄触感反馈不佳和游戏按钮交互性欠缺。

（七）是否满足了受访者对 VR 游戏的期待

在前测问题中，研究人员提问了受访者对 VR 游戏的期待，受访者提到希望能体验到很强的交互感。在后测问题中，受访者均表示体验感符合自己的预期。有受访者说："它确实是一个非常立体，然后交互性非常强的东西。”

受访者也评价了游戏过程中体验较好和不足的部分。优点包括过程舒适、交互性和沉浸感强，缺点则在于体验感欠缺和难度设置不合理。

(八)受访者对 VR 游戏是否有后续使用及推荐给他人的意愿

受访者对 VR 游戏的整体满意度较高，大部分受访者都有较强的后续使用意愿。

在全部 8 位受访者中，有 7 位表达了购买 VR 设备及游戏的意愿，不愿意购买的主要原因是对价格的担忧，1 位受访者认为购买 VR 设备及游戏会带来一定的经济负担。

受访者也普遍愿意将游戏推荐给朋友玩，但考虑到价格问题不会强烈推荐朋友购买。

二、问题二：不同类型的玩家在玩《节奏空间》时的体验差异

为了探究不同类型玩家的体验差异，本研究对玩家的游戏体验过程进行了全程录屏，并在后期对录屏资料进行了分析，总结出的三类玩家的体验情况如表 10-5 所示。

表 10-5　不同类型玩家的体验

玩家体验	新手玩家	普通玩家	核心玩家
体验总时长	10 分钟	10 分钟	10 分钟
平均闯关总次数	4 关	5 关	5 关
首次闯关	失败	失败	失败
平均失败关数	3 次	2 次	1.5 次
游戏中途退出—再次进入平均耗时	20 秒	15 秒	11 秒
游戏玩法探索情况	仅探索到划切一种玩法	探索到划切、击打两种玩法	探索到划切、击打、躲闪三种玩法

从表 10-5 可以看出，由于游戏缺乏新手引导，所以不论玩家过往的游戏经验如何，在第一次体验时均以失败告终，在第一关熟悉了游戏界面后，后续各种类型玩家闯关成功的比率和他们的游戏经验水平呈现显著的正相关。从核心玩家的闯关成功率来看，这款游戏的操作还是易上手的，但对于新手玩家来说，由于缺乏引导教程，游戏上手较慢。再看玩家完成关卡退出后重新选择关卡再进入游戏所耗费的时间，新手玩家由于游戏经历较少，缺乏经验性的游戏界面认知，所以他们在游戏过程中暂停或者中断再继续游戏时，会因为操作的生疏耗费大量时间，这也导致体验游戏时的流畅感降低。即使是积累了丰富的游戏界面认知的核心玩家也需要 10 多秒才能再次操作进入游戏，因此游戏在设计上可以考虑增加游戏指导，当检测到玩家在关卡选择界面停留过久时，可以对玩家进行适当指导，节约操作时间，提高体验的流畅度。从对游戏玩法的探索情况来看，新手玩家和普通玩家在体验的过程中都未完全解锁游戏的玩法，因而整体体验的愉悦感和成就感也大打折扣，因此在玩法设置方面，游戏设计者可以考虑根据玩家的不同游戏经验水平设置包含不同种类玩法的游戏模式。

为了发掘不同类型玩家的需求侧重点，以便在后续改进过程中提出贴合不同类型玩家的设计要点，本研究参考了学者仝冬莹提出的“游戏的马斯洛层次理论”①，将访谈文本的编码结果放入马斯洛需求层次模型中②（在图 10-2 中，自下到上依次对应：生理需求、安全需求、社交需求、尊重需求以及自我实现的需求）。因实验室设备数量限制，本研究不涉及社交选项，所以从模型中剔除了社交需求。生理需求指玩家要能获得感官上的愉悦感，即游戏内容能够激发玩家的好奇心和新鲜感，实现底层的生理需求满足。安全需求指场景清晰易懂、游戏操作顺畅、性能稳定等游戏设备要素要能够让玩家在游戏中产生归属感与安全感。尊重需求指玩家

① 仝冬莹. *Florence* 游戏的交互设计用户体验研究[D].南京：东南大学，2019.

② MASLOW A H. A theory of human motivation[J].Psychological review, 1943, 50(4): 370-396.

在游戏中要体验到优越感,比如得分排行榜和多人对战等能进一步强化游戏挑战感,从而给玩家带来精神上的荣耀感。自我实现指玩家能在游戏中找到并实现自我,对游戏产生使命感,促使其忽略外界环境而专注于游戏探索,获得沉浸感的升华。

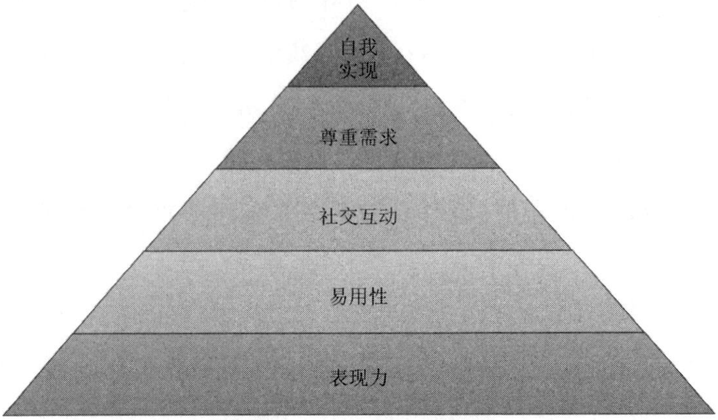

图 10-2　游戏马斯洛层次

对三类玩家体验游戏后所关注的前三个重点需求要素进行优先级排序和编码总结,结果见表 10-6。

表 10-6　不同类型玩家的访谈结果

玩家类型	重点需求要素	编码描述
新手玩家	1.生理需求	游戏画面、游戏配乐、界面设计
	2.安全需求	操作灵活、容错机制
	3.尊重需求	挑战难度合适
普通玩家	1.安全需求	设备轻便、反馈灵敏
	2.生理需求	界面设计、游戏画面
	3.自我实现	沉浸感
核心玩家	1.自我实现	沉浸感、游戏探索
	2.尊重需求	游戏玩法、挑战难度合适
	3.安全需求	设备自由便携、反馈灵敏

本研究发现由于玩家的游戏接触程度和游戏经验水平不同，不同类型的玩家体验过《节奏空间》后所表达的需求的侧重点明显不同：新手玩家更加关注游戏内容是否能带来愉悦感以及设备操作的流畅性等浅层次的游戏需求；普通玩家由于已经积累了一定的游戏经验，所以在尝试VR游戏时，更加关注VR游戏和普通电脑游戏这两种游戏在操作方式上的区别以及在VR设备的加持下游戏体验的革新进步之处，其需求表达的核心更多是在游戏设备等硬件设施层面；核心玩家作为普通游戏和VR游戏两种不同形式游戏的资深体验者，更加乐于探索多样化的游戏玩法，追求游戏的深度沉浸感，对游戏软硬件的适配和综合表现提出了更高的要求。

第四节　产品改进建议

基于以上发现，我们为改善《节奏空间》的用户体验提出了建议，大致包括：改进VR设备，包括提升舒适度和完善手势追踪系统等；在游戏内增设新手引导；调整关卡间的难度跨度，提升用户的成就感和反馈感；注意满足核心玩家的需求，使他们保持忠诚度。

由于本实验中大多数玩家对于游戏的沉浸体验与难度设置存在较多不满，故本报告提出的对于该游戏体验的改进意见主要针对GameFlow模型中的集中注意力维度和挑战维度。

一、集中注意力维度

从报告的结论部分来看，影响玩家注意力的因素绝大多数属于VR设备的不足之处。本报告对于VR设备的改进方向的意见主要集中在三个方面：(1)佩戴舒适度。VR设备最大的问题是人佩戴一段时间后会头晕。引起晕动症的主要原因是VR设备在动作和画面呈现之间会有一定的时间差，将理论延迟降低至小于20毫秒，实际应用的平均延迟控制在

20—22毫秒以内，用户的晕动症就会明显减轻，而这也是未来VR技术发展急需解决的问题之一。(2)不受限制的体验。目前佩戴VR设备后的自由活动空间仍较有限，体验的过程中也必须保证空间足够空旷，空间上的限制阻碍了VR设备在家用市场的拓展。(3)完善的手势追踪系统。有时，手指是会先于大脑做出本能反应的，所以想要打造完美的虚拟现实体验，完善的手势追踪系统必不可少。如果手掌可以出现在画面中，会让体验者在视觉上找到一个支撑点，减轻晕动症的症状。

二、挑战维度

这一维度的改进要针对不同类型的玩家进行。首先，对于新手玩家，《节奏空间》需增设“新手引导”以便用户迅速明白游戏任务，在开始界面中增加更多指示信息以防用户对游戏目标产生误解，从而直接影响对游戏的第一印象；对于有一定游戏经验但并未成为核心玩家的用户，还需调整游戏关卡之间的难度跨度，增加用户体验中的成就感与反馈；对于核心玩家，使他们保持忠诚度并刺激这部分用户主动向周围的人积极宣传产品是最为重要的。

第五节　总结

通过访谈和观察，我们从各个维度对《节奏空间》的用户体验做了评价。对于三个研究问题，我们有如下发现。

第一，大部分玩家在玩游戏过程中都通过身心投入获得了成就感，并愿意持续努力以获得这种体验。该游戏尽管有缺乏新手引导、游戏操作单一、配乐嘈杂等问题，但是它的游戏动画完成度高、运行流畅、音乐节奏感强、难度适中，因此带给了受访者很强的沉浸感和适当的挑战，所以受访者获得了心流体验。

第二，通过前测提问，我们得知受访者最期待的体验要素是交互感，而在玩过《节奏空间》之后，受访者均表示本次体验达到了自己的预期。大部分受访者都有较强的后续使用意愿。受访者也普遍愿意将游戏推荐给朋友体验，但考虑到设备的价格问题，不会强烈推荐朋友购买。

第三，不同类型的玩家对《节奏空间》表达的需求侧重点明显不同：新手玩家更加关注游戏内容是否能带来愉悦感，以及设备操作的流畅性等浅层次的游戏需求；普通玩家更加关注VR游戏和普通电脑游戏操作方式上的区别，以及VR游戏体验的革新；核心玩家则更乐于探索多样化的游戏玩法，追求游戏的深度沉浸感。

整体而言，VR设备在游戏的沉浸体验方面仍有改进和提升的空间，可考虑从硬件技术和游戏内容的配合度上着手。至于提升VR游戏用户忠诚度和设备性价比等方面，则需要从设备的系统功能和硬件开发层面增强VR设备的易用性、提升性价比。

第十一章
AR 智能家居软件用户体验报告
——以宜家智能家居应用 *IKEA Place* 为例

当前，增强现实技术（Augmented Reality，AR）[①]发展迅速，国内外大型科技公司都在积极推动 AR 商业化。因 AR 技术能够叠加虚拟信息和真实世界内容的特性，依托其研发的应用给智能家居行业发展注入了新活力。本报告选取宜家家居的 AR 智能家居应用——*IKEA Place*，基于 LEMErS 原则，采用实验与半结构化访谈两种研究方法研究该应用的用户体验。实验中，被试先使用应用完成规定任务，之后再接受访谈，我们基于此定性、定量数据全面分析被试对产品的可用性、用户体验的评价，并对 AR 智能家居应用提出相应改进建议。

第一节 背景介绍

一、行业现实

随着人工智能技术、移动互联网技术的发展和共享合作理念的提出，AR 技术逐渐在购物、室内导航、企业培训、汽车营销等领域得到广泛使用。1985 年以来，发达国家基于智能家居行业的巨大商业价值和市场的未来趋势，在智能家居的研发中投入了大量物力、人力资源。截至 2004

① 增强现实技术是一种将虚拟信息与真实世界巧妙融合的技术，广泛运用了多媒体、三维建模、实时跟踪和注册、智能交互、传感等多种技术手段，将计算机生成的文字、图像、三维模型、音乐、视频等虚拟信息进行模拟仿真后，应用到真实世界中。两种信息互为补充，从而实现对真实世界的“增强”。

年，智能家居行业业务量已经达到130亿美元；到2013年，智能家居行业业务量达到数千亿美元。巨额的经济利益使越来越多的国家开始投资智能家居研究。各地区智能家居研究的侧重方向各有不同：美国公司侧重于对保护功能的测试和应用，欧洲公司侧重于对远程控制的研究，亚洲公司更多的是对其进行深入探索以开发相关产品。国内对智能家居的研究开始较晚。1994年，国内公司首次从欧美发达国家引进智能家居技术。2000年，我国开始了针对智能家居的主题专业研究，意图建立独立的智能家居开发公司。目前，国内的智能家居开发仍处于发展期，水平较低，但智能家居正在逐步实现产业化，其产品价格也逐渐亲民化。同时，国内智能家居行业也获得了政府相关政策的支持，与行业相关的知识产权保护政策被提上日程。华山、楚米扎、海乐等部分知名企业已取得巨大成功，国内智能家居行业潜力可期。①

AR智能家居，主要是依托AR技术，让用户通过手机屏幕，将虚拟的家具图像叠加到现实场景中。在家就可多角度地试观家具放置效果，这在一定程度上避免了安装后的麻烦，如尺寸不合、家具风格与房子不匹配、实际摆放效果不如预期等问题，减少了售后的争议。相比于VR技术，AR技术在家装上的应用更经济、易实现，也方便消费者和售卖方沟通。但由于AR技术发展不够成熟、开发技术性要求高，很多公司无法独立开发。目前主要是宜家公司开发的AR应用*IKEA Place*较为正规方便，但仍存在一些问题，如应用内家具品类较少、对设备和网络要求高、功能较少等，导致用户体验不佳，不利于推广和增强用户购买欲望，没有很好地达到服务用户的目的。

二、相关理论

用户体验是交互技术的延伸，用户体验研究从产品构造、产品功能、

---

① 今日头条. 智能家居的国内外发展现状如何[EB/OL]. (2020-05-21)[2021-03-10]. http://www.elecfans.com/video/202005211220783.html.

产品质量以及用户情感需求、用户体验的角度研究交互技术的水平。[①]在众多“用户体验”的定义中，受到认可度最高的是 ISO 9241-210 给出的定义：人们对于使用或期望使用的产品、系统和服务的所有反应和使用结果。[②] 该定义指出，用户体验是用户在与产品的交互过程中产生的，包括用户的心理感觉、肢体感觉以及用户体验为用户所带来的结果，体验结果主要是用户的感知和反应，包括情绪和生理反应等。其次是可用性专业协会(UPA)给出的定义，它将用户体验概括为与产品、服务或者企业交互的所有方面组成的所有用户感知。[③] LEMErS 原则，是可用性工程专家尼尔森(Nielsen)对可用性更为全面精准的定义，囊括了五大属性，即可学习性、可记忆性、满意度、容错性、效率。

用户体验理论在 AR 智能家居中得到了广泛应用。叶耀辉在《基于增强现实技术的虚拟家具系统设计》一文中，结合谷歌公司的安卓开发工具 Android Studio、ARToolworks 公司的 AndAR 软件库和新浪的云服务器 SAE 设计了一款 AR 虚拟家具体验应用。在作者的设想中，该应用专注于用户体验，可以实现在手机端安装后能够从网上下载自定义家具模型并进行变换的效果。这一设计让用户在购买家具时，既能获得视觉上虚实结合的体验，又能更快地做出抉择，买到最合适的家具。[④]李晓伟提出，相对于基于标志物的增强现实系统，基于无标志物的虚拟家居增强现实系统有更好的交互性与便携性，用户无须上传特定图像到载入程序中进行识别，无须打印标志板，就可完成虚实融合，且基于该系统的虚拟

① 丁一，郭伏，胡名彩，等.用户体验国内外研究综述[J].工业工程与管理，2014(4)：92-97.

② International Organization for Standardization. ISO 9241-210：2010 ergonomics of human-system interaction—part 210：human-centred design for interactive systems [Z]. Switzerland：International Organization for Standardization，2010：7-9.

③ User Experience Professionals′ Association. What is usability? [EB/OL]. (2010-07-25) [2021-01-23]. https://usabilitybok.org/what-is-usability.

④ 叶耀辉.基于增强现实技术的虚拟家具系统设计[D].厦门：厦门大学，2016.

家具模型更具真实性。①

美中不足的是，虽然软件的用户体验设计已较为成熟，但国内很少有详细探讨 AR 智能家居的用户体验的研究。目前对于 AR 智能家居的讨论，更多是在技术层面开展的，更加关注技术缺漏和测评，缺少对用户实际操作体验的测试和设计。用户体验在 AR 智能家居中的应用，仍有很大的发展空间和讨论余地。

鉴于 AR 智能家居的用户体验尚缺乏研究，且补足这一领域的缺失对于给用户带来更好的体验、推动智能家居市场化发展意义重大，本研究基于使用 AR 技术的 *IKEA Place* 智能家居应用，探讨在 LEMErS 原则下，AR 智能家居应用对于用户而言是否有更高的可用性、更强的易学性。

第二节　研究方法

为了解 AR 智能家居应用的用户体验，本研究采用用户实验与半结构化访谈两种研究方法。

一、应用

本研究采用的 AR 智能家居应用是由宜家推出的 *IKEA Place*。用户能够通过该应用直观预览家具摆放在家里的样子。宜家方面称，这款应用足够智能，不仅能够以适当的比例呈现虚拟家具(98%的准确度)，还能够呈现正确的光照和阴影。用户可以在 *IKEA Place* 的数据库中挑选自己心仪的家具，以 AR 的形式随意摆放家具，还能根据自己的喜好修改尺寸、款式、制作材料、颜色等参数，实现 AR 实时预览。

---

① 李晓伟. 基于无标志物的智能手机虚拟家居增强现实系统研究[D]. 西安：西安电子科技大学，2013.

二、实验对象

实验共招募了 12 名被试参与(被试信息见表 11-1)。其中:4 名男性、8 名女性;3 名为 2018 级学生,9 名为 2017 级学生;12 名被试在实验之前了解 AR,但均未使用过 AR 智能家居产品。

表 11-1 被试基本信息

变量	类别	人数	占比
性别	男	4	33.3%
	女	8	66.7%
年级	2018 级	3	25%
	2019 级	9	75%
是否使用过 AR 设备	是	12	100%
	否	0	0%
是否使用过与防灾减灾教育相关的 AR 设备	是	0	0%
	否	12	100%

三、流程

此实验在北京师范大学校内进行。被试在开阔场地内用 *IKEA Place* 完成研究人员设置的任务,即被试首先决定需要布置家具的房间,如厨房、卧室、客厅等,接着在 10 分钟内使用应用布置场景。任务结束后,被试填写调查问卷,并接受大约 10 分钟的访谈。实验参与以及访谈录音均得到被试的同意。

第三节 研究设计

一、问卷设计

问卷包括可用性和用户体验两方面。

在可用性评价指标构建方面，笔者根据对用户的访谈和 LEMErS 原则下的五个可用性维度，总结出功能性、易学性、高效率、交互体验、满意度等5个评价维度。[①]

表 11-2 可用性问卷结果*

变量	定义	平均值	标准差
总分	五个维度的综合评价	76.83	10.10
功能性	功能是否满足使用需求	19.33	0.92
易用性	用户是否可以轻松上手	15.67	2.24
高效率	操作简单、成功率高	19.97	1.66
交互体验	产品操作界面流畅、省时省力	20.06	1.78
满意度	用户愿意继续使用并乐于分享	24.97	2.95

* 注：可用性评价的五个维度最终呈现的数字是其实际得分与可用性评价总分的比值。出于结果呈现考虑，相对得分的平均值和标准差的小数点后移两位，如功能性维度相对得分的平均值为0.1933，标准差为0.00915，将最终结果呈现为平均值19.33，标准差0.92(数据统计到小数点后两位)，其他四项均以此标准处理。

在用户体验评价指标构建方面，笔者借鉴了 SUS 系统可用性量表[②]，该量表共包含10个问题，用来评估用户在使用某产品时产生的主观感受。由于本研究是针对应用的评估，因此笔者又选用了 App 用户体验量

① 刘克涛. 基于用户体验度量的人机交互界面可用性研究[D].合肥：合肥工业大学，2018.

② BROOKE J. SUS: a quick and dirty usabilityscale[J]. Usability evaluation in industry, 1996, 189(194):4-10.

表 SUPR-Qm，主要目的是面向一定 App 做用户调研。根据以上两个量表的问题确定最终量表。

表 11-3　用户体验问卷结果*

变量	定义	平均值	标准差
SUS 总分	对于系统易学性和可用性的综合评价	68.33	17.13
易学性	系统是否清晰反馈和具有使用门槛	67.48	17.29
可用性	系统的功能一致性和整合性	71.88	22.69
App 用户体验	用户对于产品作为 App 的满意程度	44.42	9.53

* 注：对于系统可用性量表 SUS 的数据进行处理时，将每道题目的分数进行数值的转换。其中，1、3、5、7、9 题的计分规则为原始分数－1，2、4、6、8、10 题的计分规则为 5－原始分数。每一项的分数在 0—4 之间，再将所有项的得分相加乘以 2.5，最终得出 SUS 的评分在 0—100 之间。SUS 量表包括可用性和易学性两个维度，可用性维度包含 1、2、3、5、6、7、8、9 共 8 道题目，易学性维度包含 4 和 10 两道题目。为了使这两个维度的得分与总分兼容，采取百分制计分，计分规则为易学性量表的总分值乘以 12.5，可用性量表的总分值乘以 3.125。

二、访谈提纲设计

为深入了解用户体验，在填写问卷之后，研究人员对实验对象进行深入访谈。访谈提纲包含使用感受、使用场景、优缺点评价、技术期待等多个方面。通过这些开放性问题，研究者可以更好地对整个 App 的功能进行了解和评价。

开放性问题如下：

- 可以简单聊一下你的使用感受吗？
- 你觉得这个设计可以应用在哪些场景？
- 你觉得这个软件有什么优缺点吗？
- 对于这个产品，你认为还需要增加哪些功能或者改进哪些地方？

- 如果你在实际购买家具,会选择使用它吗?
- 你会把它推荐给别人吗?
- 你了解AR技术吗?你觉得AR技术在这个App中的表现怎么样?
- 你对于AR技术有什么期待?

第四节 分析及结果

一、问卷

研究人员使用SPSS软件对问卷数据进行分析,统计其平均值和标准差。

(一)可用性

整体而言,该应用交互体验评价的总分平均值为76.83(满分为100),标准差为10.10,可以看出被试对于该应用的使用感受处于中上水平,但并没有达到优秀的程度。

具体来说,满意度维度表现最好,被试愿意继续使用该软件,也愿意将其推荐给其他人。但是易用体验欠佳,易学性维度得分最低,说明被试认为应用并不是那么容易上手。而交互体验、功能性、高效率方面的体验则相对处于中上水平。

(二)用户体验

整体而言,该应用的系统可用性评分的总分平均值为68.33,标准差为17.13。根据Bangor等人在研究中得出的结论①,若SUS得分小于

① BANGOR A, KORTUM P, MILLER J. Determining what individual SUS scores mean: adding an adjective rating scale[J].Journal of usability studies,2009,4(3):114-123.

50，说明该系统或产品的可用性比较差；若 SUS 得分在 50—70 之间，说明该系统或产品的可用性是用户可以接受的；若 SUS 得分大于 70，说明该系统或产品的可用性使用户感到满意。因此，在 SUS 的评价标准中，该应用的可用性属于用户可以接受的范围之内，但并未达到满意的程度，与基于 LEMErS 原则所得到的整体可用性结果一致。

具体来说，被试对于该应用可用性的评价相对较好，可用性维度的评分均值为 71.88，说明用户认为该应用的系统功能具备很好的一致性和整合性。然而，易学性维度的评分均值为 67.48，仅达到可接受程度。上述基于 LEMErS 原则的结果也显示，被试对于产品易学性的评价最差。

根据 App 用户体验量表 SUPR-Qm，12 位被试对于该应用的评分均值为 44.42（满分为 80），可以得知用户对于该应用的整体印象欠佳，该应用作为一种手机应用未来需要在功能上进行完善和改进才能获得用户的青睐。

二、访谈

研究人员将录音转录成文字，对访谈结果进行分析。通过对 12 位被试在实验后的半结构式访谈，也可以对问卷得出的结果做进一步解释。主要结果如下。

（一）使用感受

绝大多数（9 位）被试表明该应用操作比较方便，家具的真实感比较强，模型建得比较好，可以客观地呈现家具在真实场景中摆放出来的样子，整体观感较好。同时，有一半被试反映应用的加载速度比较慢，反应不太灵敏，这一点有待改进。

（二）适合的应用场景

10 位被试认为该应用可以运用于实际的家具装修和房间设计场景，

在装修设计领域有着广阔的发展前景。还有部分被试认为该应用还可以用于与试家具类似的试衣活动，以及可以在美术活动中用作实际的参考模型。

(三)优缺点

出现频率较高的关键词是真实、界面简洁、方便、直观。同时，不少被试都反映该应用有功能少且不明确、无导航操作和文字提醒、会出现晃动、只适配 iOS 系统等问题。从中可以得知，该应用的基本设计理念和功能应用是得到了用户的肯定的，但若想在市场上被更多用户选择，必须在应用的可操作性和相关功能上进行改进。

(四)改进建议

在功能方面，被试希望该应用可以增加功能导引、直接线上购买、与商家直接沟通等功能，并希望增加家具的种类，改进现有的画质和加载速度，甚至可以叠放物品，可以按需调整比例，以及对真实的空间予以改造。

(五)使用意图及推荐愿望

10 位被试表示会使用该应用辅助购买家具，仅 2 位被试表示不会使用。此外，全部被试都愿意将该应用推荐给别人。由此可以得知用户对于该应用的认可程度还是比较高的。

(六)产品期待

在 AR 技术的表现和发展前景方面，大部分的被试对于 AR 技术仍处于不太了解的阶段，通过该应用对于 AR 技术有了一个初步的认知并对 AR 技术产生了更多的兴趣。未来，被试大都希望 AR 技术可以走入寻常百姓的家中，在教学领域、日常生活上有更多的应用。

第五节　产品改进建议及总结

目前,AR 智能家居应用的发展有一定局限性,可用的上架应用较少。学界对于 AR 智能家居的讨论,也更多是在技术层面展开的,缺乏对用户体验的关注。本研究基于使用了 AR 技术的 *IKEA Place* 智能家居应用,使用可用性评价的五个维度、SUS 系统可用性量表和 App 用户体验量表 SUPR-Qm 进行测量,从用户体验角度为 AR 智能家居应用设计提供参考。

结合问卷和访谈结果,可以得知,用户对该应用的整体体验欠佳,特别是对易学性评价较低。该应用在功能上也相对简单,还无法满足用户需求。产品未来需要在功能上进行改良,如提升应用加载速度、完善操作索引、上架安卓商店、扩展家具可调整细节。值得注意的是,虽然用户体验不太好,但是体验后,用户肯定了其作用和价值,非常愿意继续使用并分享给他人。

综上,用户对于 AR 智能家居应用有很强烈的使用需求,该应用在装修设计领域有着广阔的发展前景,只是目前的产品功能和易用性等用户体验还亟待提升。

第三部分

2020年中国 VR产业发展及趋势专家访谈

第十二章
第三部分内容和方法介绍

第一节　研究方法和研究内容

在第三部分中，我们采用半结构深度访谈和提纲式采访相结合的方法，以第五届中国 VR/AR/MR 创作大赛为契机，对十几位来自高校和业界的专家、学者及行业高管进行了采访，旨在了解其对 VR 产业发展现状的看法。第十三章首先总结对比了学界和业界专家对于 VR 国际影视产业总体发展、新冠疫情影响的看法。第十四章则横向提炼了多位聚焦于第五届中国 VR/AR/MR 创作大赛的业界和学界专家的具体观点。在第十五章中，多位来自产学研各个领域的 VR 技术专家接受了我们的深度采访，本章将他们的观点分为创作、技术发展、平台建设、市场和人才五个方面进行了横向比较。附录展现了所有参与本章采访的专家的观点原文。在对所有专家的采访中，我们对产学研专家采用了半结构深度访谈的方法，对其他专家采用了提纲式采访的方法。

一、半结构深度访谈

半结构深度访谈介于结构式访谈和半结构式访谈之间，指的是研究者通过口头谈话的方式从被研究者那里收集第一手资料的一种带有研究性质的、深入式的探索性研究方法。其通过访谈者有目的地和被访谈者交谈或向其提出一系列问题，来了解被访谈者的认知、态度和行为等。半结构个体访谈中，访谈的题目和内容一般不固定，可根据情况进行调整，细节内容可以允许访谈者视情况而作合适处理。

二、提纲式采访

提纲式采访指的是在采访前拟定任务大纲，大纲涵盖了采访活动的目的、采访过程的操作以及可能发生的情况，之后采访者根据大纲对调查对象进行采访。

第二节　采访提纲

（一）您能否介绍一下贵单位最近在 VR 内容制作、产品研发或者内容整合方面的最新进展？

（二）您觉得目前国内 VR 产业的总体趋势如何？

1.采访对象：VR 内容平台

（1）您觉得当前 VR 内容生产者，包括拍客爱好者和专业拍摄团队，面临着怎样的挑战？

（2）作为国内乃至世界上领先的 VR 内容平台，贵单位目前主要的运营模式或者构想是怎样的？

2.采访对象：VR 内容制作者

（1）您觉得当前 VR 内容生产者，包括拍客爱好者和专业拍摄团队，面临着怎样的挑战？

（2）您和您的团队最近有拍摄制作或者引进一些优秀的作品吗？可否为我们分享一下创作过程中您印象最深刻的经验？

3.采访对象：硬件厂商

（1）目前 VR 作品的拍摄和制作硬件方面有哪些您感兴趣的最新发展？

（2）目前 VR 作品的呈现和展示技术方面有哪些您感兴趣的最新发展？

（3）贵单位看到了 VR 硬件产业的哪些机遇？有哪些最新的计划呢？

4.采访对象：VR 业界专家

（1）关于 VR 的市场价值和实际效果，您是如何看待的？

(2)贵单位近期举办了哪些和 VR 相关的活动？有哪些精彩之处？

5.采访对象：VR 学者

(1)您针对 VR 方向的研究是从哪个学术角度出发的？

(2)您最近有没有关注或者进行和 VR 相关的研究？具体有什么新发现？

6.采访对象：媒体

(1)贵单位在 VR 方向上有着怎样的布局？

(2)您觉得对于传媒业来说，VR 有价值吗？具体应该如何利用？

第三节　采访列表

表 12-1　采访对象信息

方法	领域	专家姓名	身份
提纲式采访	学界	张洪忠	北京师范大学新闻传播学院执行院长
		方增泉	北京师范大学新闻传播学院党委书记、研究员
		胡沈明	江西师范大学新闻传播学院副院长
		马梅	安徽师范大学新闻传播学院副院长
		周易军	北京服装学院广告系主任
		李杉	海南师范大学新闻传播学院教授
		贺杨铭	第五届中国 VR/AR/MR 创作大赛参赛选手(广西科技大学 VR 科技学院学生)
	业界	刘子华	新华网新媒体中心总监
		张洪生	中国网络社会组织联合会研究部主任
		房文魁	HTC VIVEPORT 市场总监
		张思佳	快手科技全景视频负责人
		桑宇涛	强氧科技市场总监
半结构深度访谈	VR 影视	万大明	《我生命中的 60 秒》导演
	VR 平台	徐汀	HTC VIVEPORT 中国区内容与开发者关系负责人
	VR 内容	阮啸鹏	大象数码科技有限公司运营总监
	VR 设备	蔡树焕	看到科技首席运营官
	VR 效果	王甫	中国视协立体影像专业委员会秘书长
	VR 标准	陈红	中关村现代信息消费应用产业技术联盟秘书长

第十三章 VR 业界、学界观点总结和对比分析

第一节 2020 年 VR 国际影视产业总体发展趋势

一、学界观点

在谈及 2020 年国内 VR 产业的总体趋势时，学界专家们认为 5G 商用时代的到来为 VR 产业的发展落地提供了机遇，5G 解决了 VR 的通路问题，从基础设施上实现了突破。

在内容生产方面，宏观来看 VR 作品日益成熟并多样化。其应用领域由纪录片、旅游宣传片为主转向了新闻传播领域；创作主体呈现多元化趋势，有新华社、人民日报等中央媒体，也有民营体制的独立文化公司、影视制作公司，甚至有非专业的个体参与。除此之外，VR 作品的创作重点从表现形式逐渐下沉到社会实际内容的表达，进一步发挥其沉浸式、互动性的独特优势。

有学者指出，包括中国 VR/AR/MR 创作大赛金铎奖在内的赛事，能促进产业生态的融合；高校应和业界共同探索 VR 人才的培养道路，为产业提供优秀人才、优秀内容，从而推动国内 VR 产业的总体发展。

二、业界观点

整体来看，业界专家们普遍认为，在 2016 年、2017 年，VR 经历了广

泛发展、遍地开花的阶段，但后来由于应用场景和终端仍存在一定的局限性，VR产业开始遇冷。而2020年成为VR产业重要的转折点，在这一年中，VR产业整体得到了极大的推动与发展。

首先，随着硬件设备的进步和传输带宽的增加，VR的用户需求有所提升。值得注意的是，在2020年新冠肺炎疫情爆发的大背景下，线下的交流与体验都有所减少，人们长时间地停留在家中。这一现象刺激了“宅”文化的兴起，随之产生了大量与之相关的产品。无论是线上办公还是生活娱乐，VR的优势逐步显现。受到2020年特定环境的影响，人们对VR的需求激增，让整个产业的发展趋势开始向好。

其次，内容生产质量的提升。2020年是VR内容生产发展比较迅速的一年，其内容创作的质量有显著的提升。VR创作者也越来越多，作品质量也越来越精良。特别是故事内容的创意性达到了一个很高的水平。进入5G时代，随着VR清晰度和流畅度显著提升，如果其内容能好好沉淀，那么整个产业会逐步进入一个爆发期。

最后，VR应用领域更加广泛。VR的应用领域包括VR游戏、VR视频、VR社交等等。以快手为例，2020年快手App已经支持VR视频的上传和播放，只要将VR片源上传到快手App，用户就能观看360度全景的VR视频，观感体验好，深受年轻群体的喜欢。今年，VR在直播领域也持续发力，快手首次做了全景直播，之后陆续在迷笛音乐节、北京车展等都做了全景直播。业界专家也提出，当前VR在文化产业领域已经发展得较好了，未来在工业设计方面仍有很大的应用空间。

第二节　新冠肺炎疫情对于VR产业发展的影响

一、学界观点

学者们认为，疫情对VR产业来说是挑战，但更多是机遇。疫情期间，人们的生活从线下向线上转移，很多文娱活动都在网上进行。从内容生产者的角度看，许多媒体尝试了 VR 现场直播，比如故宫的“云赏故宫”“云赏文博会”等；具有沉浸感、交互性的 VR 也成了宣传抗疫期间典型人物、事件的宣传手段，记录下了这一特殊的历史时刻。从消费者角度来说，疫情促进了 VR 在家庭及个人层面的消费场景发展。面对疫情激发的社会需求和紧迫性，VR 产业要思考如何降低成本、优化设备，让 VR 产品消费更人性化、亲民化。

二、业界观点

诸位业界专家普遍认为，疫情背景下，人们的生产、生活方式由线下转至线上，这给 VR 产业的发展留下了生存空间。VR 不仅仅是信息传播的载体，更是很好的体验载体，可以很好地通过线上的方式将人们相连，增加人与人的互动。在 5G 的催动下，VR 如何应用于实际的场景中，成为专家们思考的问题。目前，三大运营商都开始进行很多的 VR 直播和 VR 视频内容的采购。特别是受到疫情的影响，为了方便人们线上的生产、生活，市面上出现很多全新的 VR 设备，其中广泛受到人们喜爱的有三类：一是 VR 虚拟办公相关设备，二是 VR 视频以及直播的相关设备，三是 6DoF VR 游戏一体机。未来，VR 也会在远程医疗、联动会议等众多具体场景进行尝试。

第三节　2020 年 VR 前沿研究热点及行业探索

一、学界热点

学界专家指出，VR 改变了人与人、人与世界的连接方式。学界采访对象对 VR 的研究关注点包括 VR 新闻、媒介化社会、VR 对人的情感认知的影响（包括对学生和青少年群体）、VR 技术于品牌营销中的应用等。

除此之外，VR 在生物学领域、医学领域（如治疗创伤后应激障碍等）、旅游产业、房地产产业的应用都已有很多探索。而对于之后的相关研究，学者们表示，基于 5G 技术为 VR 产业发展提供的极佳条件，他们会在 VR 产业方面做更多的附属产品的开发，包括 VR 产业报告、内容开发、媒体推广，整体提高 VR 的传播力和影响力，推动 VR 走向大众、走向日常。

与此同时，VR 产业发展尚未成熟，存在各环节标准、格式等不统一的问题，面向大众的商业模式尚未明晰，如何平衡 VR 个人沉浸式体验与盈利导向的大众需求之间的矛盾、探索出能够实现价值变现的新模式也是学界所关注的问题。

二、业界探索

根据对业界嘉宾的采访可以得知，目前业界对于 VR 的产业探索主要分为以下几类。

首先是 VR 的场景化应用。以智慧城市为例，由终端生成数字孪生城市，通过虚拟技术将整个城市的场景再现还原，再通过大数据分析模拟城市每天的运行，然后对城市下一步的发展，无论是交通、人流，还是设计，就是整个区域规划，做系统仿真，针对未来城市的发展做详细的规划。VR 在未来城市和智慧城市的管理中，是能够发挥重要的作用的。

其次是硬件设备的改善。之前 VR 头盔的佩戴感一直没有得到提升或改善，在目前市场有所回暖的情况下，业界的 VR 公司会适当增加在硬件设备领域的投入，弥补其硬件缺陷。

最后是 VR 在虚拟办公、虚拟活动领域的应用。通过这些产品来解决因疫情无法实现线下活动的困境。目前业界的一些公司主要聚焦在博物馆、学校教育、社交等方向进行产品开发。

第四节　学界与业界的观点碰撞

本报告对多位来自高校和业界的专家、学者以及行业高管进行了访谈。采访问题主要包括 2020 年 VR 产业总体发展趋势、疫情对 VR 产业的影响、当下 VR 研究热点及行业探索三方面。从访谈结果可看出，学界和业界都认为 5G 技术的到来对 VR 产业发展起到了强大助推作用，同时也指出对于 VR 产业来说新冠肺炎疫情带来的机遇大过挑战。在研究与探索方向上，学界注重 VR 与其他领域的结合，如新闻、营销、医学等，关注产业宏观发展状况；而业界更聚焦于相关硬件设备的改善及其场景化应用。

表 13-1　学界与业界专家的观点对比

<table>
<tr><th>问题</th><th>对比</th><th>学界</th><th>业界</th></tr>
<tr><td rowspan="2">2020 年 VR 产业总体发展趋势</td><td>相同观点</td><td colspan="2">1.2020 年发展趋势整体向好，5G 是重要推动力
2.2020 年应用领域进一步拓展，不同领域的创作者加入
3.VR 的内容应进一步沉淀深入、提高质量</td></tr>
<tr><td>特色观点</td><td>1.5G 技术帮助解决 VR 的通路基础设施问题
2.新闻传播领域对 VR 的应用
3.VR 作品创作重点从表现形式过渡到内容内涵
4.对 VR 赛事在学界业界合作、人才培养、作品产出方面的贡献给予了高度肯定</td><td>1.5G 技术促进提升 VR 内容的清晰度、流畅度
2.疫情背景为 VR 行业带来线上交流办公与居家娱乐需求等市场机遇
3.直播、社交、短视频等新媒体层面的实际应用</td></tr>
<tr><td rowspan="2">疫情对 VR 产业的影响</td><td>相同观点</td><td colspan="2">疫情对于 VR 产业来说是更好的机遇</td></tr>
<tr><td>特色观点</td><td>1.为内容生产者提供更多内容创作角度
2.促进了 VR 在家庭及个人层面的消费场景发展
3.VR 产品应向人性化、亲民化方向努力</td><td>1.越来越关注 VR 如何应用于实际场景
2.疫情背景下受到广泛喜爱的三类产品：VR 虚拟办公、VR 视频直播及 VR 游戏一体机
3.疫情推动下的未来趋势：实现远程医疗、联动会议等</td></tr>
</table>

续表

问题	对比	学界	业界
当下VR研究热点及行业探索	相同观点	均对VR产业进行不断的探索，也获得了一些成果	
	特色观点	1.研究包含对新闻、营销、心理、医学等更多领域的探索 2.加大对VR宏观产业报告等内容的开发 3.关注VR产业在发展中存在的标准格式不统一、商业模式不明晰等问题	1.硬件设备(如VR头显)的改善 2.VR的场景化应用(如VR在虚拟办公、教育、医疗场景中的应用)

第十四章 2020 年 VR 领域头部嘉宾采访内容精编

第一节 业界专家观点整理

网信办研究员张洪生认为，整个 2020 年 VR 在文化产业方面的发展相对比较完善，但仍存在终端和内容缺乏等问题。VR 产业未来的发展空间巨大，特别是在工业设计方面。随着 5G 技术的发展和终端技术的进步，其内容、制作也会更加精良。目前，张洪生比较关注 VR 发展的两个方面，一个是场景化的应用，特别是在教育和医疗领域，比如，实现虚拟操作和实验教学相结合；另一个是智慧城市的建设，VR 对未来城市和智慧城市的管理可以发挥重要的作用。

强氧科技市场总监桑宇涛认为，随着传输带宽的增加，在整个视频行业快速发展的大背景下，VR 产业发展会逐步向好。2020 年疫情背景下，人们线下的交流逐步转变为线上，VR 的互动体验感强的优势得以体现。另外，桑宇涛近期较为重视 VR 头盔体验感的提升，表示公司会着重在硬件设备上进行投入。

HTC VIVEPORT 市场总监房文魁认为，受疫情影响，VR 在办公领域的应用发展会比较迅速。目前，以 VIVEPORT 为代表的 VR 应用商店，涉足 VR 游戏、VR 视频、VR 社交等领域。特别是在 2020 年，随着 5G 的发展，VR 领域出现了三大发展方向，分别是 VR 虚拟办公、VR 视频与直播以及 VR 游戏一体机。随着 5G 时代的到来，未来，人们想要更好地参与一些线下活动的话，VR是实现其需求的非常重要的技术手段。目前，受疫情影响，HTC提出了虚拟办公的理念，并推出了名为XR Suite的产品，未来主要从XR的设备、博物馆、学校教育、社交四个方向出发提供服务。

新华网新媒体中心总监刘子华指出，VR产业在经历前几年快速发展、遍地开花的阶段后，一度遇冷，这主要是受到其终端的局限性的影响。未来，硬件设备逐步完善、内容得到很好的沉淀之后，VR产业将会迎来一个爆发点。从最早的VR电影、VR游戏到现在虚拟会议、协同办公的应用场景，再到未来5G的联通，远程医疗等协同工作的实现，甚至在无人港口等方面的应用，将来，VR在很多具体场景中的应用会逐步实现。另外，对于传媒行业来说，VR有其独特的价值，融合发展会成为未来的发展方向。

快手新媒体事业部张思佳分享，快手在VR的布局已经开始，快手App目前已支持VR视频的上传和播放，只要将VR片源上传，就能在App观看全景视频，这种视频形式深受年轻群体的喜爱。另外，快手会引入有VR视频生产能力的创作者以及VR影视剧片源，给用户带来更好的VR视频体验。

第二节　学界专家观点整理

安徽师范大学新闻传播学院副院长马梅教授认为，2020年的VR作品创作在内容的选择上扩大了范围，从以往对纪录片或者旅游形象宣传片的偏重，转向了对新闻纪实内容的探索。疫情对VR产业来说“危机中有机”，应进一步优化用户体验，如降低成本、完善设备等。

海南师范大学新闻传播学院李杉教授认为，疫情为VR的家庭化发展方向带来了机遇，内容生产方面日益成熟并多样化，应用场景也比以往有了更多拓展，终端设备更普及。以往人们认为VR的技术形态更适合娱乐领域和文化领域，但是疫情的出现让我们进行了新的思考，如利用 VR 进行时空重构的场景再现、远离日常经验的新闻现场再现。

江西师范大学新闻传播学院副院长胡沈明老师认为，VR 提供了个体与他人、与现实产生密切关系的路径。目前限制 VR 产业发展的最大障碍主要还是在技术层面，大众对其了解不足，如果这个技术能够再进步一点，摆脱对设备的过度依赖（如更为便携），可能会更好一些。目前江西师范大学有专门的老师会去做关于 VR 的内容，但是由于门槛比较高，设备没那么充足，学生学起来比较费劲，相对来说 VR 还没有大范围地进入课堂。在 VR 产业大规模发展之前，高校的推动力不会很大。

北京师范大学新闻传播学院执行院长张洪忠老师认为，2020 年是 VR 真正开始发展的一年。5G 商用解决了 VR 的通路问题，而未来三四年，随着 5G 的普及，VR 这个技术将会逐渐得到广泛的应用，VR 的市场价值也会逐渐显现。疫情对 VR 产业的影响并不明显，反而是 5G 的推动和中美贸易摩擦对 VR 会有极大的促进作用。在 VR 研究方面，张老师指出北京师范大学新闻传播学院在此领域已有很多探索，如 VR 对于使用者的认知影响研究。

北京师范大学新闻传播学院党委书记方增泉研究员认为，2020 年以后，VR 将逐渐走出低谷，会有一个向上腾飞发展的过程，尤其是 5G 技术应用以后，VR 会在基础设施方面有很大的突破，其产业和产品的应用会呈现井喷式发展。疫情虽然影响了产业收益，但是抗疫过程中涌现的典型事件、人物可以作为媒体和 VR 创作与生产的重要内容，是广泛、无穷的媒体内容宝库。在学术研究上，方增泉老师从认知行为的角度去研究 VR，如 VR 的沉浸感对学生和青少年的影响，接下来会在 VR 产业方面做更多的附属产品的开发，整体提高 VR 的传播力和影响力。

北京服装学院广告系主任周易军老师认为，目前 VR 还存在产业链不够成熟，内容数量有限、质量需进一步提升，终端设备种类有限、好终端价格相对较贵等问题。疫情对 VR 来说就是一个机遇，能够使其获取消费者更多的线上时间,VR技术应用需要找到自己的商业模式,扩大消费人群。除此之外,优质内容、优质人才的供应可能还是一个瓶颈,需要通过教育界和业界的合作解决,为VR产业的可持续发展注入强劲的动力。

第五届中国VR/AR/MR创作大赛参赛者贺杨铭的作品主要关于线上的VR展馆,创作目的是让更多的人可以通过不同的方式来认识这些展馆,如受疫情影响的人群以及山区的孩子们,VR这种方式使他们有机会看到更多的地方。在拍摄过程中,贺杨铭也遇到了场馆不对外开放、因为禁飞不能拍航空图、后期处理较困难等挑战。

第十五章 2020 年 VR 产学研采访观点横向整理

第一节 VR 影片创作

在 VR 影片创作领域，威尼斯国际电影节入围作品《我生命中的 60 秒》的导演万大明表示，VR 可能给纪录片带来巨大的帮助，因为这种强烈的参与感、现场感一直是纪录片导演梦寐以求的一种状态。对他而言，创作 VR 影片在实际过程中也会遇到种种困难，比如设备问题，VR 视频对于设备和技术都有较高的要求；另外，平面视频制作思维不适用于 VR 影片。

为了强调本真，他的创作团队放弃了用很炫酷的技术呈现画面的方式，只保留了让人感动的东西。虽然这些素材看起来毫无逻辑，但在情绪和画面的延续性上，还是有很多弱关联的东西。万大明认为，VR 技术带来的身临其境的感觉，是其他技术手段都无法实现的。它给纪录片带来了帮助，也开辟了新的思路。

HTC VIVEPORT 中国区内容与开发者关系负责人徐汀和上海大象数码科技有限公司运营总监阮啸鹏以 2019 年 WDA 大赛银奖作品《宝藏湾过山车》为例，介绍了 VR 作品拍摄的技术细节：是把 VR 当成电影来做，追求细节的完美。

徐汀表示，VR 视频类内容是 VR 众多分类中举足轻重的一项，近些年威尼斯国际电影节、金马奖等都设立了 VR 电影单元或一些 VR 奖项，这代表着VR视频在专业的影视领域也有了非常高的关注度，国内也不断涌现出很多优秀的视频开发者。在VR的未来创作上，徐汀认为，VR进步离不开借鉴与创新。阮啸鹏特别提到，目前VR产业处于“VR+”的发展阶段，即VR技术与细分领域的结合。因此创作者一定要找到最适合用VR形式来呈现的内容。此外，现在的VR技术在沉浸感方面一直在不断进步，但真实感还略显欠缺，未来需要继续探索。

第二节　VR技术的发展

目前，“5G+VR”的模式正在逐渐兴起。在5G普及之后，头显带来的眩晕、跳跃现象会减少，观看内容的逼真度会提升。在医疗、教育、旅游、科技、探险等领域，头显的使用会越来越精确和可靠。未来，基于5G的云VR传输方案将推动云VR视频点播、云VR视频直播快速发展。

从媒体使用VR技术的现状来看，VR技术正在加快促进媒介融合，并逐步走向基层媒体工作。近年来，VR直播开始不断助力媒介融合，特别是新华社的珠峰VR慢直播对于VR在媒体领域的发展有特别的意义。这说明VR已经可以应用于难度和强度较高的报道，并且能够生产高精尖的内容，更是融媒体、跨媒体的结果。中视协立体影像专业委员会秘书长王甫表示，现在立体影像使用得比较普遍，一些省级电视台，甚至市级电视台以及县级电视台，都已经开始使用VR技术。这个举动代表着很多基层媒体机构已经掌握了VR呈现和剪辑的技术。尽管基层媒体机构较为关注VR这种新形式的传播效果，但是目前关于其传播效果的数据仍然较少。媒体也可以使用VR技术具有的真实性、完整性、多视角、高精度和高效率的特点，进行短视频和Vlog的创作。

虽然VR技术的发展稳步前进，但在内容创作的层面还是受制约，比如在比较低的照度、比较复杂的环境下，VR的作用就不是特别明显，剪辑语言也相对简单。如果VR全景相机想要获取深度影像内容，空间中的每一个位置点至少需要两至三个镜头拍摄。在这种情况下，成本、功耗、重量、系统稳定性等各方面难度都会增加。此外，更多的镜头会使机内的结构更复杂，对生产环节的挑战更大。针对这一问题，看到科技通过旗下专业级 Obsidian 3D VR 相机所拍摄的立体全景照片，测算深度并重构现场，帮助用户创造出更具互动感的“真实”场景，将 VR 深度提高到真正的极致水平，让观众可以完美体验场景漫游的极致沉浸感。

第三节　VR 平台建设

在 VR 平台建设方面，现有平台不仅包括常见的游戏和视频等内容，还包括应用、社交、教育、旅游等众多垂直领域。VR 平台的建设可以实现和人们生活的紧密相连。

一方面，VR 平台可以实现全球服务，为全球开发者提供更多传播作品和变现的机会。例如，疫情期间，VIVEPORT 推出了像“Engage”和“VR Chat”之类的社交和办公类应用，以便为全球的用户提供生活和工作上的便利。目前，很多 VR 平台可以实现不同型号设备的适配，兼容性强。HTC VIVEPORT 中国区内容与开发者负责人徐汀表示，目前他们不仅支持 HTC 自己的设备，同时也支持众多友商的设备，是支持一体机品牌最多的 VR 平台。

另一方面，VR 平台的建设实现了开发者、创作者和用户的直接沟通，很多平台从开发之初，就会给开发者一些帮助。开发者在开发内容的过程中，随时可以跟负责软件和硬件的技术人员进行接洽以解决问题。另外，平台不仅为创作者提供设备上的帮助，如支持 14 款一体机设备，也为创作者提供软件方面的支持，包括上传、制作、技术后期等各个方面。VR 平台方的支持在很大程度上提升了创作者的创作便利性。最后，对于用户来说，直接从平台下载就能看到 VR 视频，这让 VR 视频更便捷地抵达用户层面。

第四节 VR产业与市场

谈到对VR产业与市场的看法时，看到科技首席运营官蔡树焕表示，VR市场有爆发趋势，除了继续巩固B端市场的优势，也将利用前期的软硬件技术积累，选出适用于消费级别相机的应用场景去做一些C端市场探索。所以，看到科技在现阶段更多聚焦于用户体验，希望能使更多的C端用户去了解全景拍摄，特别是像大学生这样的潜在用户群体。

蔡树焕特别提到了VR全景相机。这一VR应用需要彻底打通全景视频创作、编辑、分享的整个内容生态链，为全景创作生态赋能，进一步用科技赋能内容创作者，降低用户生产高质量全景内容及直播的门槛。看到科技已与快手App达成合作，一同打通全景分享功能，看到科技旗下QooCam系列全景相机用户可以一键分享全景视频到快手App，进行全景直播。

中关村现代信息消费应用产业技术联盟秘书长陈红女士认为，在5G商用背景下，VR应用不断丰富，从学术研究和实验室实验，快速向各垂直行业深度渗透，跨界融合挖掘需求，从而解决了某些传统产业链中无法闭环的环节。据介绍，目前国内有相关机构利用VR技术参与阿尔茨海默病等认知障碍疾病的预防及治疗，将在未来帮助患者提升认知能力，延缓病情发展，该应用若能有效应用，将是VR技术对社会的重大贡献之一。与此同时，超高清VR在新型展览、展示，新型观赛方式等方面的应用已经非常普遍；虚拟人在电影制作、社交游戏、IP周边衍生创作、数字孪生应用等方面也展现出了巨大潜力。

VR产业发展会在近几年内保持To B与To C同时发展的良好势头。陈红女士认为，目前，三大运营商都已经在VR业务领域进行了网络和能力布局，已着手进行设备的采购以及平台的对接调试。运营商通过业务平台将VR产业链B端和C端进行了连接，平台能力提升之后，就可以把原先消费者层面用户量、市场需求、商业能力较强的业务跟平台结合，助力 VR 产业的普及与发展。针对目前的 VR 市场，陈红女士认为，消费级应用是 VR 领域的组成部分之一，但是在产业方面，VR 在垂直领域专业性较强且不可替代的商业需求才是未来的重要应用方面。

第五节 VR 人才培养

HTC VIVEPORT 中国区内容与开发者关系负责人徐汀表示，VIVEPORT 作为平台方，一直非常期待有更多的年轻人才加入这个行业。VIVEPORT 平台非常愿意提供更多的展示机会给高校的人才。徐汀希望高校能够和 VR 公司合作，让从业者能够进入学校和同学们交流，让学生去了解更多的 VR 知识，平台方也有意于对同学们提供帮助，如分享软件使用方法、硬件理论等一系列设计制作的概念。

中关村现代信息消费应用产业技术联盟秘书长陈红认为，高校和业界应加深交流，就 VR 人才标准进行对接，为行业培养需要的专业人才。

附　录
2020年采访内容实录

第一节　学界嘉宾

一、北京师范大学新闻传播学院党委书记、研究员方增泉：推进认知研究

采访时间：2020年12月9日

Q1：您觉得2020年国内VR产业的总体趋势如何？

根据刘茜老师刚才的报告，应该是2020年以后，VR逐渐走出低谷，有一个向上腾飞发展的过程，尤其是5G技术应用以后，我们的VR行业肯定在基础设施方面会有很大的突破，VR产业和VR产品的应用会呈一个井喷式的发展趋势。

Q2：您觉得疫情给VR产业带来了什么样的影响？

从表面上看，疫情对VR产业，包括整个的媒体产业或者娱乐文化产业都带来了很大的影响，如产业的收益方面。但是实际上我们在抗疫的过程中有典型的事件和典型的人物，这些优秀的人物和事件完全可以作为媒体和VR创作与生产的重要内容，给我们提供了非常广泛的、无穷的媒体内容的宝库。

Q3：您针对VR方向的研究是从哪个学术角度出发的？

我是从认知行为的角度去研究VR的，首先VR的沉浸感对学生和青少年的影响是非常大的，VR沉浸感最大的问题就是使得虚拟世界和

现实世界的差异和界限更加模糊，所以说如果青少年沉浸在 VR 世界里面，那么这会影响他对现实世界的判断，会对他认知和情感的发展产生一定的阻碍。但是 VR 产业的发展和产品的应用，还是会带来一个非常好的产业发展趋势和产业重点，就是从目前的研究趋势来说，将来的 VR 可以用来治疗创伤性应激障碍。

Q4：您最近有关注或者进行和 VR 相关的研究吗？

我们明年会在 VR 产业方面做更多附属产品的开发，包括 VR 的产业报告、内容的开发、媒体的推广，整体提高 VR 的传播力和影响力。

二、北京师范大学新闻传播学院执行院长张洪忠：期待未来三年

采访时间：2020 年 12 月 9 日

Q1：您觉得 2020 年 VR 产业在国内的发展趋势是什么样的？

2020 年，是 VR 真正开始发展的一年。因为 5G 开始商用了。5G 开始商用以后，通路就解决了，也就出现了"VR 怎样应用"这个问题。所以，未来三四年，随着 5G 的普及，VR 将会逐渐地得到广泛的应用。一些新的技术进步，还有一些新的产品形态将会逐渐出现。就像是 4G 一样，4G 出现的时候，我们不知道短视频和直播会起来。4G 出现 4 年以后，直播和短视频成为最重要的互联网流量平台。同样，今天 5G 出现了，那么 3 年或者 4 年以后，VR 会不会成为一个重要的渠道、什么样的 VR 产品形态会成为重要的流量渠道。我们对此充满期待。

Q2：今年比较特殊，有疫情的存在。那您觉得疫情的存在对于 VR 产业的发展有什么影响呢？

至于疫情对 VR 产业的影响，我从表面来看是看不出有多少影响的。因为它本来就（是一个）在尝试、创新阶段的产品。反而是 5G 的推动和中美贸易摩擦对 VR 会有极大的促进作用。

Q3：您最近有关注和 VR 有关的研究吗？比如说新的发展之类的。

VR 的研究有很多啊，比如说从传播学角度研究 VR 对人的影响。

我们北京师范大学新闻传播学院有些团队已经发了很好的论文，研究 VR 对人的认知的影响。对于 VR 在传播学领域，在生物学、医学治疗领域，在旅游产业、房地产产业的应用，我们已经有很多探索了。

Q4：那您觉得 VR 的市场价值和实际的应用效果有哪些呢？

VR 的市场价值将随着 5G 的推广，随着 VR 技术的成熟，在未来 3 年到 4 年露出端倪，显示出一些苗头。

三、海南师范大学新闻传播学院教授李杉：VR 研究需要更加深入

采访时间：2020 年 12 月 9 日

Q1：您觉得 2020 年国内 VR 产业的总体发展趋势如何？

我认为 2020 年国内 VR 产业发展的总体趋势是出现了更多的机遇，内容生产方面日益成熟并多样化，应用场景也比以往有了更多拓展，终端设备更普及。

Q2：您觉得疫情给 VR 产业带来了什么样的影响？

我认为疫情对于 VR 产业的影响并不是负面的，而是给 VR 家庭化发展方向带来了机遇。

Q3：您是否对 VR 有一定的研究，如果有，您针对 VR 的研究是从哪个学术角度出发的？

Q4：您最近有没有关注或者进行和 VR 相关的研究？具体有什么新发现？

这两个问题我想合并一起回答：我对 VR 的研究并不深入，一直以来关心更多的是 VR 新闻，在这一新闻形态的发展历程中唱衰者众、唱红者也多。有人认为 VR 的技术形态更适合娱乐领域和文化领域，以往新华网的许多 VR 作品也确实限于文化、旅游方面。但是，疫情的出现给了我们新的思考空间，时空重构的场景再现、远离日常经验的新闻现场再现，都将成为 VR 发展的日常。这对于我个人比较关心的“媒介化社会”和“社会化媒介”的研究方向都提供了许多有益的研究议题。

四、安徽师范大学新闻传播学院副院长马梅：VR 创作在内容的选择范围上更大

采访时间：2020 年 12 月 9 日

Q1：您觉得 2020 年国内 VR 产业的总体趋势如何？

我觉得 2020 年的 VR 作品在创作内容的选择上应该是扩大范围了，（以往）更多的时候我们可能偏重的是纪录片或者旅游宣传片这些，在新闻领域，主要是一些中央级媒体，比如新华社、人民日报、中央广播电视总台用得比较多。今年很多地方台也用 VR 做新闻了，包括像大象公社这些民营体制的独立的文化公司、影视制作公司也开始用 VR 来做新闻性的、纪实性的内容，所以我觉得在内容方面，VR 应用领域扩大了，然后参与的单位可能也更广泛了。

（对，有很多自媒体、UGC 参与生产了。）

对，这可能跟大家观念的变化有关系，跟技术的民用化程度加深有关系。

Q2：您觉得疫情给 VR 产业带来了怎样的影响？

我觉得应该是“危机中有机”，有了更多的新的机会。以前我们以为疫情不好，但实际上呢，因为疫情我们的教学、文娱活动都只能在家里、在网上进行，所以后来很多机构、很多单位用了 VR 现场直播的方式，比如故宫的“云赏故宫”“云赏文博会”等，因此我感觉应该是有了更多的机会。如果 VR 技术在设计上更好一点，成本上能低一些，配套设施再轻便一些、再亲民一些、再人性化一些，它的前景可能会更广阔一些。

五、北京服装学院广告系主任周易军：VR 技术应用需要找到自己的商业模式

采访时间：2020 年 12 月 9 日

Q1：您针对 VR 方向的研究是从哪个角度出发的？

我是从品牌营销推广的角度研究VR的。我在2013年做过一个课题，名字是"3D新技术在广告及服装品牌推广中的应用"。当时是从3D入手接触到了VR，觉得VR其实是除3D电影、3D电视之外的一种更高阶的3D形式，在3D技术包括VR技术怎么应用于品牌营销方面做过一些初步的探索。

Q2：您最近有关注或者进行和VR相关的研究吗？具体有什么新发现吗？

很惭愧，我最近没有做相关的研究，算是在关注中学习吧。2016年我去美国密苏里大学新闻学院访学的时候，旁听了他们的一门名叫The Emerging Technology in Journalism的课。它里面讲了很多新技术，涉及VR这种沉浸式的体验。当时我也体验了他们几个学院联合举办的一个有关3D的展览。当时我还在想，我们什么时候能开出这样的课程来。后来回国也就没有太多关注了。2019年我关注了北京师范大学举办的这个VR大赛，今天来体验以后觉得好震撼啊。为什么这么觉得呢？第一，他们有课程，而且现在已经办了五届这样的大赛，可以说是走在了时代的前列。第二，咱们有这么一个大赛能够把政、产、学、研、用各方面结合起来联合推动产业的发展，非常好地发挥了我们大学人才培养、科学研究、服务社会、文化传承甚至是国际交流的功能。有机会的话，我们下一年度或者往后看看能不能也带着学生来参赛。而且我还听说咱们这边成立了工作坊，鼓励高校师生一起来学习参赛，我觉得真是特别好。我感觉2016年的星星之火到现在已经有燎原之势了。还有一点我感触比较深，教育部在提倡新文科建设，提倡把理工类的知识比如计算机技术应用到我们传统的文科中来，这将使文科更上一个台阶。而你们已经做了五年了，已经走在了这方面的前列。

刚才你问有什么新发现。我觉得一个根本性的问题是VR技术应用需要找到自己的商业模式。一方面，产业盈利需要更广大的消费人群或者行业用户，但它的产业链还不够成熟，内容数量有限、质量需进一步提升，终端设备种类有限、好终端价格相对较贵。另一方面，在逻辑上似乎有一个矛盾：它要盈利就需要更大规模的人来观看 VR 影视作品，但欣赏 VR 影视作品更多的是属于个人的沉浸式体验。VR 和 3D 还不一样，3D 的影院受众还是有一定规模的，VR 更多的是带来个人的情境性体验。原来我觉得它有这么一个矛盾，但是现在随着我们生活水平的提高，随着定制化趋势的发展，人们要求有更好的观影体验，我似乎看到这个矛盾正在慢慢地弱化。尤其是现在政策有进一步的推动，所以我觉得 VR 的未来是比较好的，只是在商业模式方面还需要探索。

Q3：您觉得 2020 年国内 VR 产业的总体趋势如何？

这两年相关研究做得比较少。我觉得总体趋势是好的。首先，十九届五中全会政策的鼓励、人民群众对美好生活的向往、消费升级、青年群体对新生事物的好奇和探索、产业探索者先行者的带动，还有金铎奖这样的荣誉对优秀从业者的肯定和对产业生态融合的推动以及高校对 VR 人才的培养，都会促进 VR 产业在未来更好地发展。现在疫情的不确定性对于人们线下体验的限制也会反向推动线上消费的增长，这种增长甚至是井喷式的，而 VR 消费总体上来说倾向于线上。我觉得，对 VR 而言，公共健康事件的“危”中可能蕴藏着它发展的机遇。其次，我觉得优质内容、优质人才的供应可能还是一个瓶颈。如何使产业可持续发展？可能需要通过我们教育界和业界的合作解决这些瓶颈，从而为 VR 产业的可持续发展注入强劲的动力。最后，它未来有没有可能有商业模式上的创新？因为我觉得它要有好的发展还是得通过商业化，通过社会效益和经济效益的同频共振来推动它的发展。

Q4：您觉得疫情给 VR 产业带来了什么样的影响？

我觉得第一个影响是，人们会把更多的消费娱乐时间放到线上。这对 VR 来说就是一个机遇——疫情能够使 VR 获取消费者更多的线上时间。在中国已经证明的确是这样。我们有位毕业生做游戏的推广，他给我反馈的数据是，上半年很多传统广告公司的业务都下降了，但是线上游戏推广业务却翻了好几番。第二点，我觉得疫情对我们中国的 VR 产业来说是一个机遇。因为我们疫情控制得最好，已经复工复产这么长时间了，国外的话还是有很大的不确定性。因为疫情的影响可能国外的消费者有了更多的线上需求，而我们已经复工复产，也有更强的生产能力来为他们提供 VR 设备之类的产品，这就使国外还处在疫情中的民众可以借助这些产品进行线上消费，以此替代原来线下的消费。第三点，疫情期间因为健康风险，无论是政策上的要求还是消费者主观上的意愿，大家不太愿意去传统影院了，因为它毕竟是公共场所，会给大家带来更多潜在的风险，而 VR 是沉浸式的、个性化的，可以一个人体验。所以我觉得，它可能会使影视尤其是电影产业的分发方式增加一个新的选项。

六、江西师范大学新闻传播学院副院长胡沈明：VR 为我们提供了路径

采访时间：2020 年 12 月 9 日

Q1：疫情会对当下的 VR 产业/传媒产业有何影响？

我觉得疫情给我们带来的最大影响就是，个体无法和他人、和现实产生密切的关系，那么我们就需要一个路径，正好 VR 就为我们提供了这样一个路径。我想在未来我们可能会有很多时刻由于这样或那样的原因达不到一种现实的关联，这就迫切地要求我们找到一种解决的手段。VR 是一种比较好的、比较理想的手段，但如果这个技术能够再进步一点，摆脱对设备的过度依赖，可能会更好一些。这让我想到过去我们在做电子报纸的时候，要借助一个庞大的设备，却达不到我们现在利用手机看新闻的速度和效果。产业本身不是问题，技术发展的问题才是。

Q2：目前贵校（江西师范大学）有关于 VR 的课程吗？

目前有专门的老师会去做关于 VR 的内容，但是由于门槛比较高，设备没那么充足，学生学起来比较费劲，所以相对来说 VR 还没有大范围地进入课堂。目前我们仅是对内设计了相关的课程，以及对外做了一些相关的业务而已。

Q3:您认为目前限制 VR 产业发展的最大障碍是什么呢?

主要还是技术层面的障碍,没有普及、没有便携化、大家对它的认识了解也还不够。就像刚刚闭幕式上《2020 中国 VR 产业发展和消费者调查报告》里面所说的,目前 VR 主要还是运用于教育方面、展示层面,并没有很好地进入我们的现实生活。

Q4:您认为目前 VR 产业的总体发展趋势是怎样的?

既然有这种需求,行业肯定会想办法满足的,我们都期待着技术进步、越来越好。首先,技术型的公司应该做 VR 产业的推动者,促进应用真正落地,促进产业不断发展;其次,高校的反应不会太快,它们应该起到加速推动 VR 产业并且把它深化的作用,在 VR 产业还没有大规模发展之前,高校的推动力不会很大。

七、第五届中国 VR/AR/MR 创作大赛参赛选手贺杨铭:用 VR 让更多人体验展馆

采访时间:2020 年 12 月 9 日

(参赛作品:万花镜 VR 数字展厅、智慧校园)

Q1:请您介绍一下作品的主要内容。

万花镜 VR 数字展厅是线上的 VR 展馆。我们做这个作品的目的,最初是让更多的人可以通过不同的方式来了解这些展馆。因为或多或少受疫情或某些方面的影响很多,或者说大部分的人不能来到这些展馆,亲身体验这些展馆里的内容。这就需要我们把这些展馆数字化之后,通过 VR 技术来使更多的人看到。我们团队的名字是脱贫致富奔小康,为什么会取这个名字呢?是因为习近平总书记不久前才说过扶贫先扶志。你想让很多人脱贫就首先要改变他们的志向,他们有了脱贫的想法之后才会主动地改变自己。而中国地大物博,这种资源分布是很不平均的。像很多山区的孩子,他们没有办法亲身来到这些场馆体验,所以就需要像 VR 这种方式使他们有这种机会看到更多的地方。

Q2:在拍摄过程中你们有没有遇到过什么挑战或者说积累了哪些拍摄经验?

有。拍摄过程中我们遇到过挑战。第一个问题是很多场馆是不对外开放的,就是不允许我们进行拍摄。第二个问题就是拍摄的过程中有些地方会禁飞,我们不能拍航空图。第三个问题就是后期修图,因为有些场馆中是一直有人往来的,这对我们后期的修图会造成很大的影响。因为如果有人在移动的话,我们后期修图会非常困难。

第二节 业界嘉宾

一、HTC VIVEPORT中国区内容与开发者关系负责人徐汀、上海大象数码科技有限公司运营总监阮啸鹏:需要重视和支持开发者

采访时间:2020年10月22日

HTC VIVEPORT是提供虚拟现实内容和体验的应用程序商店,随着虚拟现实游戏的快速成长应运而生。VIVEPORT中的内容涉及游戏、旅游、艺术、教育等多个领域,带给消费者丰富多样的虚拟现实体验,激励人们在虚拟现实中进行探索。2020年10月22日下午,北京师范大学新闻传播学院师生对VIVEPORT中国区内容与开发者关系负责人徐汀以及上海大象数码科技有限公司运营总监、VIVEPORT开发者阮啸鹏进行了线上采访,与两位从业者探讨VR内容平台的发展现状与未来图景,以丰富大家对VR内容制作的认识。

Q1:二位认为VR平台应该有哪些品质?

对于HTC VIVEPORT而言,VIVEPORT应用商店首先是一个综合性的VR内容平台,平台里的内容不仅包括大众一般认知的诸如游戏和视频之类的内容,也包括应用、社交、教育、旅游等细分领域。跟人们生活有联系的方方面面的内容,都可以用VR技术来实现。

其次，平台为全球60多个国家和地区提供服务，同时也为全球开发者提供了更多传播作品和变现的机会。今年疫情期间，VIVEPORT推出了像*Engage*和*VR Chat*之类的社交和办公类的应用，以便为全球的用户提供生活和工作上的便利。

最后，VIVEPORT在国内不仅支持HTC自己的设备，同时也支持众多友商的设备，是支持一体机品牌最多的VR平台。平台配备了目前市面上主流的PC VR和VR一体机，兼容性很高。

与VIVEPORT的运营理念一致，VR大赛也秉持开放、自由、包容的办赛精神。在历届VR大赛中，大赛主办方都设置包括VR影视、VR纪录片、VR游戏、VR教育等在内的各个细分单元，在2020年还特别设置了“全景战疫”征片单元。同时，大赛还热切欢迎海内外各个媒体机构、企业、高校和个人的来稿。如第四届VR大赛中央视法语频道投递的《巨变七十年》、CGTN乌克兰选手投递的个人作品《切尔诺贝利四号反应堆》等，都是优秀作品的代表。

Q2:二位认为如何回应开发者的需求?

VIVEPORT从开发之初，就会给开发者一些帮助。VIVEPORT是把播放器和数字内容进行绑定的一个平台。对于用户来说，直接从平台下载就能看到VR视频。目前VIVEPORT不仅为创作者提供设备上的帮助，如支持14款一体机设备，也为创作者提供软件方面的支持，包括上传、制作、技术后期等各个方面。开发者在开发内容的过程中，随时可以跟负责软件和硬件的技术人员进行接洽以解决问题。

这也是更多开发者乐于见到的一个现象。平台方的支持，将在很大程度上提升创作者的便利性。

Q3:二位认为VR影视技术现在发展得怎么样?

(VR作品《宝藏湾过山车》获得了2019年WDA大赛的银奖，作为短片主创，阮啸鹏详细介绍了创作时的技术细节。)《宝藏湾过山车》团队做的是VR里面的一个细分领域——被动性的VR，实际上就是把VR当成电影来做，追求细节的完美。

首先，当时的创作团队提供了一个技术架构，搭建了上下两屏的、在相机上有立体结构的一个分支，使得上下两屏的分辨率加在一起达到了8K。其次，创作团队使用了每秒 45 帧的技术，快速播放的时候，每秒可以达到 60 帧。这种上下立体的格式，极大地增强了 VR 视频的沉浸感，并在很大程度上减轻了观众的眩晕感。

VR 视频类内容是 VR 众多分类中举足轻重的一项。近些年世界各地非常重要的影展，比如说威尼斯国际电影节、金马奖等，都分别设立了像 VR 电影单元之类的一些展映单元以及与其相关的 VR 奖项，代表着 VR 视频在专业的影视领域有非常高的关注度。之前 VIVEPORT 平台上的一部 VR 虚拟动画《咕噜米的眼睛》就获得了国际影展的肯定。这也证明了国内正不断涌现出很多优秀的视频开发者。

Q4：二位认为 VR 创作路在何方？

VR 进步离不开借鉴与创新。以《律动回廊》游戏为例：《律动回廊》是一款面向一体机的音乐节拍类的游戏，是中国开发者自己创作的，而且它在品质、游戏画面、玩法方面既有创新也有借鉴。创新在于它是一个纯一体机的内容，现在专门为移动一体机去做内容的 VR 开发者不算多，这个游戏的主创团队是其中之一。借鉴则在于，团队的开发人员对音乐类、节拍类的游戏有很深的研究，每天中午都要玩 VR 音乐游戏来吸取经验。通过借鉴和创新，开发者打造了这款拥有较好沉浸感和新奇游戏体验的 VR 游戏。

目前 VR 产业处于“VR+”的发展阶段，即 VR 技术与细分领域的结合，因此创作者一定要找到最适合用 VR 形式来呈现的内容。比如说拍摄 VR 视频，如果有的画面人裸眼可以直接看到，那么就不一定适合用 VR 来制作这种画面。此外，现在的 VR 技术在沉浸感方面一直不断进步，但真实感还略显欠缺。现在的 VR 内容还很难让观众产生“一戴上眼镜就身临其境”“我就是故事主角”的感觉。这是一个美工落地的东西，未来需要继续探索。

Q5:贵司培养 VR 人才的意愿如何?

VIVEPORT 作为平台方,一直非常期待有更多的年轻人才加入这个行业。加入 VR 行业,任何时间都不晚,VIVEPORT 平台非常愿意提供更多的展示机会给高校的人才。我们(徐汀)也希望高校和 VR 公司进行合作,让从业者能够进入学校和同学们交流,让学生去了解更多的 VR 知识,平台方也有意于在未来分享软件使用方法、硬件理论等一系列设计制作的概念。

二、威尼斯国际电影节入围作品《我生命中的 60 秒》导演万大明:组织素材之重

采访时间:2020 年 11 月 20 日

北京时间 2020 年 8 月 1 日,第 77 届威尼斯国际电影节公布"VR 竞赛单元"入围名单,来自中国的 VR 纪录片《我生命中的 60 秒》成功入围,成为全球首部入围国际 A 类电影节的疫情题材 VR 纪录片。

Q1:您是怎么开始做 VR 电影的?

我原本是一个做常规纪录片的人,在做这部片子之前,都没怎么接触过 VR。第一次接触还是 2020 年 1 月在 VeeR 的一个线下影厅,VR 纪录片《珠峰生死状》给我留下了深刻的印象,当时的感受就如同自己在现场攀爬珠峰一般,给人以极强的身体感受和极大的精神触动。那个时候的我,就隐约觉得 VR 可能给纪录片带来巨大的帮助,因为这种强烈的参与感、现场感一直是纪录片导演梦寐以求的一种状态。

能够做出这部片子也是出于一系列的机缘巧合。今年疫情来势汹汹,这对于很多小的制片机构来说是致命的,"大象点映"也不例外。正处于悲观消极状态之时,公司团队成员达成了一个共识——"就算公司干不下去了,也要做一个将来值得回味的东西"。于是我们与 VeeR 合作创作了一部记录疫情时代的纪录片《我生命中的 60 秒》,这个想法既是对原先

“余生一日计划”的延伸，亦是在VR纪录片领域的一次崭新尝试。

Q2：您认为制作VR电影有哪些困难？如何解决？

想法总是美好的，实施的过程中还是遇到了大大小小的问题。最重要的两个问题就是：设备从哪儿来？设备怎么送到各地的拍摄者手上？拍摄VR视频与拍摄普通的平面视频不一样，VR视频对于设备和技术都有较高的要求，而且目前在国内，无论是专业级还是入门级的VR设备都不是很多，恰逢新冠肺炎疫情期间，全国的物资运输也是一个很大的问题。方法总比困难多，创作团队的成员动用各种渠道和人脉，东拼西凑地凑齐了上百部VR机器，在物资运输问题上我们也得到了一些公司的帮助，最终设备顺利寄送到了报名参与拍摄的人手里。

一分钟的视频拍摄周期很短，拍摄素材很快就通过网盘陆陆续续传到了创作团队手里。收到素材之后，导演组就发现了另一个问题——平面视频制作思维不适用于VR，这对我们来说是很大的冲击。因为每个人的故事都是不一样的，每个人对疫情的认识也是不一样的，所以最终收到的素材也没有固定的创作方向和思维，每一份素材都有自己的个性，每份素材讲述的故事之间都互不关联，想把它们整合成一部片子就特别难。简单的画面拼接绝对不是一个成熟的纪录片导演做的事情，纪录片导演是可以用画面来讲故事的人，他的画面上要有语言。

虽然一方面束手无策，但另外一方面又很受感动。我看每个素材的时候，都能够感觉到创作者，尤其是素人创作者，当时的那种新奇和真实的状态，这些年轻人，尤其是没经历过“非典”的年轻人，在疫情下并没有绝望，依然对未来充满想象，依然觉得未来有巨大的希望，而且坚信我们能够打败这次疫情。这些令我这种四十几岁、上了年纪的人很受触动。我现在几乎无法用语言去准确地描述第一次看素材时的那种激动。

纪录片应该强调的就是本真，既然已经收集了这么多本真的东西，那下一步的工作就是一遍一遍地去感受、理解这些素材。所以创作团队放弃了用炫酷的技术去呈现画面的方式，只一一保留了这些让人感动的东西。虽然这些素材看起来毫无逻辑，但在情绪和画面的延续性上，还是有很多弱关联的东西。最终这部纪录片的创作思路是理出一个情绪脉络——一开始紧张，然后让情绪逐渐地上扬，最终引爆情绪。

Q3：您对于以后有何期待？

我觉得这次拍摄的素材很有限，要是有更多的素材就好了。对于纪录片导演来讲，辛苦是不怕的，只担心内容不够好，总是希望有更多的素材。

就 VR 技术本身来说，我认为 VR 技术在某些层面还是受制约的，比如在比较低的照度、比较复杂的环境下，VR 的作用就不是特别明显；此外，VR 的剪辑语言也相对比较简单。

但是 VR 技术带来的身临其境的感觉，是用其他技术手段无法实现的。它给纪录片带来了帮助，也开辟了新的思路。这就是为什么我们团队计划每年都要完成一部 VR 纪录片，这件事情既然开始了就不会结束。

三、HTC VIVEPORT 市场总监房文魁：疫情反而推动了 VR 行业发展

采访时间：2020 年 12 月 9 日

Q1：您觉得 2020 年 VR 产业的发展趋势是什么样的？

关于 2020 年 VR 的发展趋势，这个 VR 它其实包括很多方面、很多领域，就像我们 VIVEPORT，VIVEPORT 是一个 VR 应用商店，其绝大部分内容是 VR 游戏，也有很多 VR 视频，还有社交类的 VR 应用，以及应用类的东西。我觉得 2020 年因为疫情的关系，大家在家里工作的时间比较多，比如线上办公，所以 VR 办公应用发展会比较迅速。我们 HTC 近期推出了一个新产品，是一个虚拟办公场所。今年我们办的 WDA 这样的大奖赛的颁奖典礼就是在虚拟环境中办的。另外我觉得，今年随着 5G 的发展，可能在 VR 视频方面会有一个很大的发展，因为三大运营商都开始进行很多的 VR 直播和 VR 视频内容的采购了，所以说视频是发展很快的。在游戏方面，有了一些有新的可能性的机器，比如 6DoF 一体

机在市场上受到大家的欢迎,就证明了这样一个趋势。简单地说是三点,一是 VR 虚拟办公,第二个是 VR 视频以及直播的快速发展,第三个就是 6DoF VR 游戏一体机成为 VR 游戏爱好者的必需品。

Q2:您认为疫情过后 VR 的整体发展方向是什么样的?

这个问题就比较宽泛。其实我个人是非常看好 VR 行业的,因为 VR 讲究的是一个沉浸感,你的临场感、现场感或者是你的参与感会更强烈。我觉得在 5G 的支持下人们想要更好地参与一些线下活动的话,VR 是实现他们需求的很重要的技术手段,所以说我个人是很看好 VR 的发展的。

Q3:疫情过后,贵公司 VR 产业的发展会侧重什么方向?

疫情反而推动了 VR 行业的发展,如果没有疫情这个突发的情况,VR 被大众接受可能还需要比较长的一段时间。但是因为疫情,你不再可以很轻松地去出差或者去参加一些线下活动,或者大家在一起办公,所以大家对 VR 的需求突然就猛增。我们公司就是提出了虚拟办公、虚拟活动这样的概念,所以我们有一个产品叫 XR Suite,这个就是帮助一些公司、一些教育机构,或者一些展馆去制定因为疫情大家不能聚集这个问题的解决方案,这个就是我们提出来的。我们这边想的其实包括博物馆、Campus、学校教育、社交,就集中在这四个方向,我们有相关解决方案。

四、看到科技首席运营官蔡树焕:VR 全景相机从世界走向中国

采访时间:2020 年 10 月 27 日

VR 行业的迅猛发展,带动了一大批与 VR 相关的硬件设备的问世。其中 VR 全景相机的出现为整个行业带来了新的可能性。来自深圳的看到科技将目光聚焦于内容市场这一潜在机遇,专注于 VR 视频软硬件的一体化研发,并对 3D 全景 VR 影像进行普及,先后推出了多款 VR 全景相机系列产品。2020 年 10 月 27 日上午,我们邀请“看到科技”首席运营官蔡树焕进行专访,一同探讨 VR 全景相机的前景。

Q1:您认为 VR 拍摄领域有哪些新发展?

对于 VR 领域而言,其实一直以来都包含着两条产品线的研发,这在近两年越来越清晰,它们就是专业线和消费线这两大主线。而看到科技目前在两条线上都有新品推出或在研。

首先在专业线上,VR 全景相机的市场需求包括更高的分辨率、更好的画质、更多的后期空间,以及更好的 3D 和深度。看到科技基于以上的需求,致力于为广大用户提供专业的试用流程和体验,帮助创作者更好地创作打动人心的产品。

此外,在消费线方面,由于“5G+VR”的模式正在逐渐兴起,尤其是 5G 手机换机潮,让更多普通大众可以用很低的成本就能体验 VR。特别是基于 5G 的云 VR 传输方案将推动云 VR 视频点播、云 VR 视频直播的快速发展。而看到科技期望借助 5G 时代的来临,让 5G 这一技术红利,在扩大 VR 受众的同时,能大力推动 VR 市场的发展。

VR 全景相机在目前流行的短视频和 Vlog 拍摄方面有很大的机遇。其具有真实性、完整性、多视角、高精度和高效率的特点,可以为短视频内容创作者提供有力的设备支持。

为进军 Vlog 及短视频市场,看到科技于近期发布了轻便的 QooCam FUN 酷看相机,为创作者提供了丰富的拍摄视角以及趣味模板,融入了防抖功能、AI 智能剪辑等功能。QooCam FUN 酷看相机的配套 App 内置了多个智能剪辑模板,能展现盗梦空间旋转、希区柯克变焦等炫酷效果。在 Vlog 模式下,配合手机屏幕,QooCam FUN 酷看相机可以快速取景构图,一键直接输出高完成度的 4K 分辨率的平面视频,并可一键分享到微信、微博、Facebook 等社交平台。

Q2:您如何看待 VR 的自由度?

近几年 VR 技术在呈现和拍摄方面正朝着多空间和多自由度方向迈进。为了让 VR 全景相机获取深度影像内容,空间中的每一个位置点至少需要两至三个镜头拍摄。在这种情况下,如果采用广角镜头方案就会需要十几到二十个镜头来支撑。这意味着成本、功耗、重量、系统稳定性等各方面难度的增加。此外，过多的镜头会使得机内的结构更复杂，对生产环节的挑战更大。

因此，由 6 个鱼眼镜头组成的方案是比较适合目前市场需求的。于是我们公司便推出了六自由度(6-Dof)空间重构方案，通过旗下专业级 Obsidian 3D VR 相机所拍摄的立体全景照片，测算深度并重构现场，帮助用户创造出更具互动性的“真实”场景，将 VR 深度提高到真正的极致水平，让观众可以完美体验场景漫游的极致沉浸感。

专业级 3D 全景相机拍出来的视频可以让人在一定的空间内从多角度观看立体物体。要达到诸如 Hololens 和 HTC Vive 所演示的内容效果，不只需要高品质的相机硬件，还需要协同使用高效的拼接软件。自从 Facebook 开源了拼接算法之后，很多团队都使用这种方法去做图像拼接。光流拼接算法的原理是将拼接的图像进行像素级的匹配，消除缝隙的问题，并基于点云计算出深度信息，实现更好的 3D 效果。

看到科技研发的 Obsidian 相机的深度模拟正是基于光流拼接算法。该算法能直接测量出空间深度，将远景、近景分割处理，让立体效果更适于人眼，这也有利于后期在全景空间里加特效。

Q3：您对 VR 市场有什么展望？

针对目前的 VR 市场环境，因为观察到了 VR 市场的爆发趋势，许多企业除了继续巩固 B 端市场的优势，也将利用前期在 B 端市场的软硬件技术积累，选出适用于消费级别相机的应用场景去做一些 C 端市场探索。所以，看到科技在现阶段更多聚焦于用户体验，希望能使更多的 C 端用户去了解全景拍摄，特别是像大学生这样的潜在用户群体。

目前 VR 全景相机的内容创作需要彻底打通全景视频从创作、编辑到分享的整个内容生态链，为全景创作生态赋能，进一步用科技赋能内容创作者，降低用户生产高质量全景内容及直播的门槛，让 VR 内容的未来充满无限可能。

于是，看到科技与快手达成合作，打通了全景分享功能。快手是率先开通全景分享的短视频平台，目前快手 App 已支持看到科技旗下 QooCam 系列全景相机。

五、中国视协立体影像专业委员会秘书长王甫：抓住发展时机

采访时间：2020 年 11 月 25 日

2020 年 11 月 25 日，中国视协立体影像(3D)专业委员会秘书长王甫接受本书邀请，分享他对于 VR 技术最新进展和未来道路的看法。

Q1：您认为 VR 技术已得到普遍应用了吗？

现在立体影像使用得比较普遍，一些省级电视台，甚至市级电视台、县级电视台，都已经开始使用 VR 技术。2020 年 1 月山东召开政协会议新闻发布会时，大众网"海报新闻"客户端就进行了 VR 直播。当然这些直播从技术质量上看还不算特别完美，但是从 VR 技术进入基层媒体机构的角度看，这个举动还是挺有意义的，这代表着很多基层媒体机构已经掌握了 VR 呈现和剪辑的技术。

VR 走进基层媒体机构，实际上是一个普及化的问题。这种新局面的出现有两个原因：一是随着近几年的发展，VR 的技术门槛已经变得相对比较低；二是对于现在设备的成本大众也能接受。所以说现在 VR 技术正处于逐步普及的一个阶段。

尽管基层媒体机构较为关注 VR 这种新形式的传播效果，但是关于传播效果的数据仍然较少。这是因为全国没有统一的统计网络，对传播效果的测量还依赖于在播放平台上看反馈，还无法掌握特别详尽的数字，覆盖范围也不是很广泛。VR 传播效果测量还处于起步阶段。

Q2：您认为 VR 直播是如何推动媒体融合的？

新华社的珠峰 VR 慢直播是个典型案例。此次 VR 直播有三个特别的意义：一是"最高级别"的 VR 直播。这个高既指海拔高度，也指工作的强度和难度。在极端恶劣的自然条件下，新华社两名记者随登山队一起

登上了顶峰，并采用了 VR 慢直播的形式。二是说明 VR 技术已经进入很多高精尖的领域，在珠峰上进行直播本身就是一件很有影响力、技术含量很高的事情，而且他们拍摄的画面非常美丽震撼，信号质量、画面清晰度都非常好。三是这场慢直播也是一个跨媒体、融媒体的结果。新华社在热情拥抱新技术，丰富内容呈现形式。此外，2019 年国庆大阅兵的 VR 直播也令人印象深刻。在阅兵现场，有几十个 VR 机位进行直播，VR 直播是和电视大屏的主频道直播互相配合的。

Q3：您如何看待不同的 VR 终端？

目前大众使用最多的观看 VR 内容的设备就是移动端和头显。这两种设备在未来将会呈现出显著不同的发展趋势，但这两种不同的发展趋势之间将会形成一个很好的互补。

移动端以手机为代表。因为手机数量很大，人手一部，所以目前大众看到的 VR 内容大多来自手机屏幕。现在大多数 VR 视频在移动端上都是可以看到的，也就是说这种技术通道实现了贯通。手机上的 VR 视频没有很强的立体感，但是视角已经是 360 度的了。观众可以转动手机，可以滑屏，可以放大，可以缩小，自由度很高，拥有很大的控制权限。此外，目前手机几乎人手一部，将会带来很大的一个收视市场和客户群。

而未来随着 VR 技术的提升，特别是 5G 普及之后，头显带来的眩晕、跳跃现象会越来越少，观看内容的逼真度会越来越高。在医疗、教育、旅游、科技、探险等领域，头显的使用会越来越精确和可靠。比如在之前的技术条件下，在进行远距离手术时，我们就不是特别地相信这个头显。它如果信号卡顿了怎么办呢？如果信号失真了怎么办呢？这些问题在手术过程中都有可能出现。但是现在随着技术提高，一些很重要的手术都是通过 VR 头显来做的，因为头显可靠性很强，信号很逼真，失真率很低，在 5G 状态下又没有卡顿。现在的头显可以很流畅地完成一个交互，不管是用于手术、教学、旅游，还是用于一些科学实验，都可以很好地传输信号。因此 VR 头显会向更高端的方向发展，在高端专业领域里逐渐地得到更广泛的应用。

在疫情之后,各行各业都将迎来新的发展机遇。VR 随着技术条件的提升,技术门槛相对来说越来越低,在平板和手机上观看 VR 的效果越来越好。未来 VR 会有很大的创作空间,会有更多的题材和体裁进入到 VR 领域。这正是 VR 从业者们抓住时机寻求更好发展的一个非常好的起点。希望大家共同努力!

六、中关村现代信息消费应用产业技术联盟秘书长陈红:关注 VR 的几个重点

采访时间:2020 年 10 月 20 日

2020 年 10 月 20 日,中关村现代信息消费应用产业技术联盟秘书长陈红女士受北京师范大学 VR 学社邀请,结合联盟 VR 工作组的情况,为我们介绍了当下 VR 产业发展的几个重点,就当前业界具有共识的 VR 应用场景、运营商对 VR 业务的平台与技术布局以及 VR 技术标准与人才标准对接等方面的内容进行了具体的介绍。

Q1: 您如何评价 VR 技术在国内的发展现状?

宽带中国战略的有效推动,特别是 5G 商用的影响,使 VR 应用不断丰富,从学术研究和实验室实验,快速向各垂直行业深度渗透,跨界融合挖掘需求;各种应用场景主动开放,完成了由初步落地到示范案例萌发的过程,从而解决了传统产业链中某些环节无法闭环的问题。据我了解,目前国内已有相关机构利用 VR 技术参与阿尔茨海默病等认知障碍疾病的预防及治疗,将在未来帮助患者提升认知能力,延缓病情发展。该应用若能有效应用,将是 VR 技术对社会的重大贡献之一。与此同时,超高清 VR 在新型展览、展示、新型观赛方式等方面的应用已经非常普遍;虚拟人在电影制作、社交游戏、IP 周边衍生创作、数字孪生应用等方面也展现出了巨大潜力。

Q2：您对 VR 产业未来的发展有何预测？

我认为，VR 产业会在几年内保持 To B 与 To C 同时发展的良好势头。目前三大运营商都已经在 VR 业务领域进行了网络和能力布局，已着手进行设备的采购以及平台的对接调试。运营商通过业务平台将 VR 产业链 B 端和 C 端进行连接，在平台能力提升之后，就可以把原先消费者层面的用户量、市场需求、商业能力较强的业务跟平台结合，助力 VR 产业的普及与发展。针对目前的 VR 市场，我认为，消费级应用是 VR 领域的组成部分之一，但是在产业方面，VR 在垂直领域专业性较强且不可替代的商业需求才是未来的重要应用方向。

Q3：贵单位在推动 VR 技术普及方面有何举措？

2020 年 10 月 15 日，中关村现代信息消费应用产业技术联盟与移动咪咕合作发布了《虚拟现实（VR）体验标准技术白皮书——终端一体机分册》，这是联盟综合产业链上下游企业需求，为解决企业在对接不同平台时的标准不统一的问题，从视频质量、用户体验、应用格式、网络能力、分发能力以及终端设置等多个方面进行了统一的定义与指标建议。

七、快手科技全景视频负责人张思佳：快手布局 VR 方向

采访时间：2020 年 12 月 9 日

Q：贵单位在 VR 方向上有着怎样的布局？

快手 App 目前已经支持 VR 视频的上传和播放，只要将 VR 片源上传到快手就能观看 360 度的全景 VR 视频。VR 视频、360 度全景视频是快手社区中非常重要的视频形式，是非常有趣、好玩的视频，受到年轻群体的喜欢。快手作为国内领先的短视频社区，非常重视全景视频的观看体验和内容引入。

快手在 Chinajoy 首次做了全景直播，之后陆续在迷笛音乐节、北京车展等做了全景直播。目前用快手 App 观看 VR 视频，需要晃动手机体验 360 度的全景效果。快手下一步将上线通过触摸屏幕就能观看 360 度

全景视频的功能。此外，快手会引入有 VR 视频生产能力的创作者，以及 VR 的影视剧片源，给用户带来更好的 VR 视频体验。

快手目前与 insta360、看到、圆周率等厂商都打通了 360 度全景视频的直播合作，使用这些相机拍摄完可一键直播到快手、一键发布全景视频到快手。

八、中国网络社会组织联合会研究部主任张洪生：未来发展空间非常大

采访时间：2020 年 12 月 9 日

Q1：您怎么看待 VR 产业在 2020 年的总体发展趋势？

我觉得从 VR 这个产业的发展来讲，未来的发展空间是非常大的。

目前的应用，我觉得在工业设计这方面是有很大应用空间的。然后在咱们文化产业内容生产这块，虽然现在我们的发展已经很好了，但目前还存在终端和内容缺乏的问题，以及一些技术上的小瓶颈。还有成本问题，我觉得在内容生产这个领域，大规模普及和产业化在今年还是不太现实的。

但是随着 5G 的发展，还有终端技术的发展，我觉得下一步在内部生产方面，它的创作者会越来越多，质量也会越来越精良，特别是刚才我体验了咱们的那些作品之后，我感觉 VR 在内容质量还有编辑的设计上，跟传统的线性编辑还是不一样。编辑的设计，还有整个故事的这种创意，都已经达到了一个很高的水平，所以我觉得今年是内容生产发展相对迅速的一个时段。

对整个产业的发展来说，我觉得今年应该是一个很重要的转折点。

Q2：您觉得 2020 年的疫情会给整个 VR 产业的发展带来什么影响？

我觉得新冠肺炎疫情对互联网整个的核心技术的发展是有促进作用的，因为它改变了人们的生活还有消费习惯。从内容产业本身来讲，今年由于疫情很多人居家办公，很多年轻人就基于这个“宅”文化创造了大量有意思的、充满创意的产品。

从VR这个角度看，疫情给大家提供的首先是一个时间的契机，其次是探索在一个封闭的空间中怎么样让生活更加丰富多彩的机会。这也给年轻的创作者提供了一个基于物理空间和想象空间的刺激过程。

我看到今年的作品相对比较丰富，可能跟这个也有关系，所以我觉得凡事有利有弊，要从两方面来看，希望更多的优秀作品能够被创作出来。

Q3：您最近在VR这个研究方向上做了哪些研究，有什么新发现吗？

我最近也是关注到一些场景化应用，针对教育领域、医疗领域，还有工业设计领域做了一些探讨，尤其是场景落地怎样跟我们的虚拟操作和实验教学结合起来，这是一个方面。

另一方面，今年由于疫情，VR行业做了一个很重要的工作，我觉得挺有意思的，就是智慧城市——由终端生成数字孪生城市。通过虚拟技术将我们的整个城市的场景再现还原，然后通过大数据分析模拟每天城市的运行，对城市下一步的发展，无论是交通、人流，还是这个设计，就是整个区域规划，做系统仿真，从而对未来城市的发展做详细的规划。我觉得在未来城市和智慧城市的管理方面，VR是能够发挥重要作用的。

九、强氧科技市场总监桑宇涛：趋势向好

采访时间：2020年12月9日

Q1：您觉得2020年国内VR产业的总体趋势怎么样？

我认为前几年有一段时间相对来说比较沉寂，现在由于很多视频行业（因为我是从事视频行业的）分辨率的提升，还有整个传输带宽的增加，VR在这个基础上应该会有一个比较好的爆发或者说趋势向好的这么一个状态。所以我们从视频行业来分析这个市场或者说它的发展前景吧。

Q2：您觉得今年这个疫情给VR产业带来了怎样的影响？

我觉得今年这个疫情肯定对所有行业都有影响吧。在VR这块，可能它更偏向于体验，就是说在疫情这种情况下大家很少去现场交流，那种体验的互动肯定会受到一定负面影响。

Q3:贵单位在 VR 内容制作、产品研发上有什么新的进展?

是这样,我们头几年对 VR 这一块是比较重视的,因为当时是它的一个风口。但是后来受制于(我们自己认为受制于)头盔的体验感一直没有太好的提升或改善,我们在 VR 这块做的就稍微少了一些。然后这段时间因为整个市场又回暖了,所以我们在这块的业务慢慢地可能会增加一些,包括研发或者涉猎一些产品。还有内容,我们内容做得相对比较少,因为可能要投入很多的人还有物力去做这个事。我们还是偏硬件一些,配套的设备做得比较多。

十、新华网新媒体中心总监刘子华:探索可能的延展方向

采访时间:2020 年 12 月 9 日

Q1:您认为 2020 年国内 VR 产业的总体发展趋势如何?

我记得是 2016 年左右,2016 年、2017 年 VR 经历了广泛发展然后遍地开花这样一个阶段,但后来,我觉得因为应用场景和一些终端的体验问题,发展有一些遇冷。在 2020 年,我很高兴地看到我们这个大赛还在坚持做,也一直在探索可能的延伸方向。VR 这个事情,我觉得它是处在慢收益的一个阶段,除了某些特定的 VR 的行业。我觉得我们要一直坚持做,等待硬件、等待终端,然后能够发展到一定地步,再结合内容的积淀,这样就一定会在某一个点爆发出来。再回到你这个问题上,我觉得 2020 年整体的发展趋势就是我们的技术在不断地成熟,很多的内容也越来越精良,大家也更明白怎样去发挥 VR 的优势。因为以前很多很多的内容都是硬要用 VR 去表现,它可能只有 90 度是有内容的,但是一定要用 360 度去拍,这样其实对于 VR 来说有一点消耗。

Q2:您认为这个疫情对 VR 的发展有什么样的影响?

疫情对于整个媒体行业而言起到了促进作用。因为它让人们有更多的时间留在家里,应用更多的介质,通过各种各样的手段连接在一起。而 VR 作为信息涵盖面广、承载量大的一种新兴载体,我认为它最大的发展

契机在于在连锁项目中为人们提供沉浸式的体验，比如VR大赛其实叫VR/AR/MR创作大赛。其实，MR包括XR的概念更流行，因为无论是虚拟现实还是增强现实，都需要运用在场景里。我认为疫情以来，乃至于过去的20年，我们大家一直在思考的问题是怎么样将VR运用到落地的场景里。所以我们看到VR从最早的交互式视频、VR电影、VR游戏，已经更多地在比如开会、协同办公的应用场景中发挥作用。未来还会有更多具有更强的联动感的会议。可以想象，在不久的将来，在5G等通信技术成熟乃至进一步发展之后，远程医疗等类似的精密协同工作，例如无人港口等方面，我们VR人需要做的，其实是把VR所带来的沉浸感场景化、实用化。所以，我认为以后无论是VR、AR还是MR，它们其实更多的是为我们提供解决方案，我们将更多地看到VR技术的去概念化，并且作为一种真实的、触手可及的、可消费的、可应用的存在，为一个具体的使用环境来提供沉浸感，以及与之相关的解决方案。

Q3：对于传媒行业来说，您觉得VR有什么样的价值？

任何有关叙事记录的技术及其关联、产生的形式，包括摄影、摄像和2D、3D影片，对于传媒行业都是非常有价值的，但VR有它独特的价值。如前所述，其实未来的成像方式，或者说未来的传播方式，一定会朝着融合的大方向发展，即这些新的技术、方式需要不断打破信源、介质和接受者之间的隔阂。从长期发展趋势来看，不管是VR、AR，还是MR、XR，它们会成为我们打破这些隔阂的一个手段。同时，它们作为技术本身还能让我们现有的信息载体的传播形式丰富起来，例如交互式的VR电影，其实很多作品中，制作团队在后期编辑时会用技术手段植入2D影像，再植入一些交互的方式。我认为，VR作为一个概念代表了人类想象力的延伸和想象逐步实现的过程，这个过程的意义和价值要比单独去讨论某一种未来可能存在的场景价值更加重要。简而言之，VR人应该更多地去创新，去想象，去实现，去落地。

图书在版编目(CIP)数据

2021中国VR产业发展和消费者调查报告/刘茜，朱毅诚，李倩编著. --北京：中国传媒大学出版社，2022.7

ISBN 978-7-5657-3053-5

Ⅰ.①2… Ⅱ.①刘… ②朱… ③李… Ⅲ.①虚拟现实－产业发展－研究报告－中国－2021 Ⅳ.①F492

中国版本图书馆CIP数据核字(2021)第196140号

2021中国VR产业发展和消费者调查报告

2021 ZHONGGUO VR CHANYE FAZHAN HE XIAOFEIZHE DIAOCHA BAOGAO

编　　著	刘　茜　朱毅诚　李　倩
策划编辑	陈　默
责任编辑	陈　默
特约编辑	沈　悦
封面设计	风得信设计·阿东
责任印制	李志鹏

出版发行	中国传媒大学出版社		
社　　址	北京市朝阳区定福庄东街1号	邮　　编	100024
电　　话	86-10-65450528　65450532	传　　真	65779405
网　　址	http://cucp.cuc.edu.cn		
经　　销	全国新华书店		

印　　刷	唐山玺诚印务有限公司
开　　本	710mm×1000mm　1/16
印　　张	15.25
字　　数	220千字
版　　次	2022年7月第1版
印　　次	2022年7月第1次印刷

书　　号	ISBN 978-7-5657-3053-5/F·3053	定　　价	79.00元

本社法律顾问：北京嘉润律师事务所　郭建平